从心开始 譚木匠之路

周锡冰 著

新世界出版社
NEW WORLD PRESS

图书在版编目（CIP）数据

从心开始：谭木匠之路 / 周锡冰著. -- 北京：新世界出版社，2019.7

ISBN 978-7-5104-6803-2

Ⅰ. ①从… Ⅱ. ①周… Ⅲ. ①手工业—工业企业管理—经验—中国 Ⅳ. ①F416.899

中国版本图书馆 CIP 数据核字（2019）第 121167 号

从心开始：谭木匠之路

作　　者：周锡冰
责任编辑：曲静敏
责任印制：王宝根
责任校对：宣　慧
出版发行：新世界出版社
社　　址：北京西城区百万庄大街 24 号（100037）
发 行 部：（010）6899 5968　（010）6899 8705（传真）
总 编 室：（010）6899 5424　（010）6832 6679（传真）
http://www.nwp.cn
http://www.nwp.com.cn
版 权 部：+8610 6899 6306
版权部电子信箱：nwpcd@sina.com
印　　刷：天津中印联印务有限公司
经　　销：新华书店
开　　本：710mm×1000mm 1/16
字　　数：197 千字　印张：15.25
版　　次：2019 年 7 月第 1 版　2019 年 7 月第 1 次印刷
书　　号：ISBN 978-7-5104-6803-2
定　　价：39.00 元

目 录
CONTENTS

第六章　贴近顾客

第七章　布局电商

第八章　做好做久

第一章
创业维艰

23岁的时候，没有特别的目的，带着父母给的50元钱，我“游历”了大半个中国，饱尝人间冷暖。两年之后，一场大病让我最终选择了回到老家娶妻生子，创办了三峡民间工艺美术厂。辛苦半年，雕出了堆积如山的笔筒、拐杖和各种各样的神鬼人物造型。当我带着精心挑选的产品去广州参加一个全国性的工艺博览会时，却发现人家标的价格比自己的成本还低，这让兴冲冲的我一下子沮丧到了极点。

——谭木匠创始人 谭传华

第一节　心怀梦想，何必远方

在中国企业家中，谭木匠创始人谭传华的阅历异常丰富——他是一位失去右手出身农村的残障人士，做过民办教师，甚至还曾梦想成为诗人和画家，不过事竟未成。

然而，在创业路上，谭传华却相对顺利得多——做过花店生意，做过水泥预制板生意，做过木雕生意……

在一次机缘巧合的情况下，谭传华果断地转行做木梳，这不仅需要睿智的洞察力，同时也需要敢于放弃的创业魄力。众所周知，木梳作为日常用品，被看作是一个毫不起眼的小众产品，耗时耗工，成本很高，利润却很薄。面对诸多的质疑，谭传华毅然坚信自己的判断，正因为如此，谭传华才成为如今的“木梳大王”。

2009 年 12 月 29 日，谭木匠在港交所[①]主板成功挂牌上市。谭传华夫妇持股数量 1.697 亿股，家族财富超过 6 亿港元。

随后，谭传华的传奇故事刊载在中外媒体的头条上。在中国改革开放后，这样的传奇故事虽然被诸多媒体屡屡提及，却未解密其背后的创业动力。

谭传华在港交所接受媒体采访，可谓是一个名副其实的指点江山、

①港交所，全称香港交易及结算所有限公司（英文全称为 Hong Kong Exchanges and Clearing Limited，英文简称 HKEx）。

风光无限、登顶临风的英雄。此时此景，谭传华感慨万千，甚至他的思绪回到了当年艰辛、激情的创业时代……

01 被改变的人生起点

1957 年，谭传华出生在重庆市开县（今开州区）岳溪镇。在当地匠人文化氛围里，尤其是在身为木匠的祖父、父亲眼中，木匠这一行当对于谭传华来说似乎是一个没有选择的选择。

但谭传华跟中国诸多匠人之后一样，不甘心自己继续做一个木匠，毅然选择其他行业。在遭遇一连串挫败后，谭传华陡然发现，木匠才是自己最好的选择。

在本书的写作过程中，我查阅到谭传华曾经写过的自传，其中，谭传华是这样写的："一个人不能不相信命运，但不能屈从于命运。每当我听到贝多芬的命运交响曲，我全身的血液就要沸腾，有时甚至毛骨悚然……"

从这段话中不难理解谭传华的不安分和不满足。正是谭传华的不安分和不满足，才书写出中国第一木梳的传奇故事。

然而，谭传华的传奇故事，竟然是从他 18 岁初中毕业那年意外失去右手时开始的。在自传中，谭传华是这样介绍的：当时帮大哥到河里捉鱼，因不满足双手捉鱼的效率，于是改用自制雷管炸鱼，结果不小心把右手炸没了。

这样不幸的事故，让出生在农村的谭传华由此丧失了干农活的能力。由于谭传华失去了右手，被当地人视为无用之人。谭传华的人生轨迹自此发生了改变。

尽管如此，失去右手后的谭传华依然得到母亲的安慰："不怕，眼睛还在，就能活。”在谭传华看来，母亲传递的正能量是有其依据的，这不仅是在安慰自己的儿子，更是人生经验的总结。

在母亲的支持下，要强的谭传华很快走出身体残疾的阴影，开始练习左手写字和画画，特别是跟着从部队回来的二哥学得一手好画。

功夫不负有心人，谭传华左手写字的水平很快就有了大大的提高。随后，经过努力，谭传华顺利地成为当地一名民办教师。

谭传华曾在自传中称，凭借优异的教学成绩，他很快成为了全县有名的教师尖子。不过，由于自己失去右手，教学成绩并没有赢得校长和同事们的尊重。

有一次，谭传华无意中听到一个学校校长在背后议论他：“一个人残手断脚，多难看，多可怜，要是我早就自杀了。”

谭传华的心被深深刺痛了，不仅如此，谭传华的努力也没有换回相恋女友父母的认同。

20 世纪 80 年代初，改革开放的春风吹遍了祖国大地，开始催化那些不满现状的人们躁动的心。

1980 年的春天，在那个油菜花盛开的季节，23 岁的谭传华毅然辞掉了民办教师的职务，怀揣仅有的 50 元钱，告别了家人，踏上了寻求尊严、实现自己诗人和画家梦想的旅程，也开始了一段长达两年的“盲流”生活。

02 人都应该有梦，有梦就别怕疼

追寻梦想的谭传华，将北京作为自己的首站。在北京，谭传华先是购买了一个箱子，把喜爱的书籍和几件简单的衣物安置好。

其后，谭传华选择西进，一口气到了西北。漫漫旅途中，身上仅有的50元花光了。为了筹集盘缠，谭传华不得不开始变卖衣物，甚至把一块价值120元的上海牌手表变卖了，仅仅只卖了20元。

经过一路的追寻，谭传华不但没有找到画家和诗人梦想的路径。相反，一路艰辛，让谭传华心灰意冷，甚至有了自杀的念头。

1980年11月，谭传华辗转来到峨眉山。此次，谭传华不是旅游，而是打算找一个较好的地方自杀。

让谭传华没有想到的是，由于峨眉山普降大雪，景区早已封山，他根本就没机会进去。面对突如其来的变化，谭传华不得不放弃在峨眉山自杀的想法。

此刻的谭传华，由于没能衣锦还乡，自然不愿意回老家忍受乡邻冷眼，于是用身上仅有的几元钱购买了一张前往云南昆明的火车票。

到达昆明站时，因为紧张，谭传华半天也找不到那张车票。于是，谭传华打算跟着人流混出车站，结果被火车站查票员扣住了。没钱补票，查票员就扣住了谭传华的那个箱子，里面有谭传华的部分衣服和书，这可是谭传华的大部分财产。

车站人员说："你有钱了就来赎。"

幸好，谭传华赖以吃饭的工具画夹子还在手中。在谭传华看来，有了画夹子，自然就意味着自己能在昆明生存下来，甚至是可以找到吃住的地方。

到昆明的第一天，谭传华如饿狼般、漫无目的地瞎转，连续问了数十人是否画像，都遭到了拒绝。

当谭传华经过一个饭店时，他看见一个男人喝得微醉，桌上还有好多剩菜。这些剩菜对于饥肠辘辘的谭传华来说，无疑是一个巨大的诱惑。

然而，那个食客虽然看出了谭传华眼睛里的渴望，却把剩下的半瓶酒全倒在那些剩菜里。正是这个举动，使谭传华的那颗逐梦之心受到了强烈刺激。

尽管饥寒交迫，但是谭传华咬牙忍住了，没有走向乞讨这一步。

到昆明的第二夜，更是谭传华人生中的黑暗之夜。

谭传华在来回辗转中，摸到了一栋 7 层楼的工地上，他枕着桶包，抱着画夹，忍着饥饿，难以入睡。那个时节的昆明夜晚还很寒冷，谭传华清楚地记得那晚下着小雪。半夜的时候，楼上忽然泼下了一盆水，浇湿了谭传华的半边身子。

这样的际遇可谓是致命的打击，谭传华由于在西北卖掉了一部分衣服，在出昆明火车站时因为丢失火车票又被没收了一部分衣服，剩下的衣服本来就不足以御寒，又赶上这一盆冷水，他沮丧到了极点。

为了御寒，谭传华只好不停地跑着跳着。最后，他发现路灯下的温度比较高，就站在路灯下烤了很久。时隔多年，谭传华还依然清楚地记得那路灯是红色的，灯光的温暖至今还能深刻地感受到。最后，谭传华来到郊区，想钻到人家的草堆里过一夜。后来被主人发现，又被赶走了。

正如《生于忧患，死于安乐》一文中写的那样："舜发于畎亩之中，傅说举于版筑之间，胶鬲举于鱼盐之中，管夷吾举于士，孙叔敖举于海，百里奚举于市。故天将降大任于斯人也，必先苦其心志，劳其筋骨，饿其体肤，空乏其身，行拂乱其所为，所以动心忍性，曾益其所不能。"

在到达昆明的第三天，谭传华终于凭借自己的能力拉到了一份业务，活下来了。一个瘦瘦的年轻人对谭传华说："我有很多照片，但想画一张像，看看跟照片有什么区别。你多少钱画一张？"

谭传华说："要是像，你给 2 元钱，要是不像，你不用给钱。"

最后，那个年轻人很高兴地给了谭传华 2 元钱。其实，比年轻人更高兴的是谭传华。年轻人不知道的是，自己眼前的这个左手画画的人，为了梦想不知道吃了多少苦。

由于谭传华初出茅庐，画像的人自然很少。在几近饿死街头、一场

大病之后，文艺青年谭传华不得不结束颠沛流离的寻梦之旅，回到重庆的老家。

当谭传华娶妻生子之后，不满足的心又开始躁动起来。1984 年，谭传华开始了自己的经商之旅。

第二节　躁动的创业热情

1978 年 12 月，中国共产党召开了十一届三中全会。此次会议的意义非常重大，被誉为中国共产党历史上具有深远意义的伟大转折：把全党全国的工作重心转移到以经济建设为中心上来，揭开了中国改革开放的序幕。

“竹外桃花三两枝，春江水暖鸭先知”。在这样的时代背景下，一批批创业者们，正在翘首企盼准备大显身手。

改革开放的春风徐徐吹开中国沉闷的旧时代，虽然乍暖还寒，但是对于中国创业者来说，这阳光足以让他们灿烂，因为这阳光早已激发他们潜藏在内心的、躁动的创业热情。基于此，谭传华是幸运的，他遇上了一个能够大展身手、最大地实现自我价值的时代。

01 躁动的创业岁月

在我的《老干妈的香辣传奇》一书中，就介绍过 20 世纪 80 年代初，中国实行改革开放后贵州人口流动和创业生活。

深处内陆的贵州与中国其他地方一样，都将工作的重心转移到经济建设上。在这样一波浪潮激荡下，政策的支持使得原来的“割资本主义

尾巴”的管制不复存在，随之而来的是个体经济得到快速发展，私营企业也渐渐地开始出现，到 1978 年底，贵州全省个体工商户有 8530 户、从业人员 11870 人。

在北京，这样的变化也在悄然发生。1978 年 11 月 27 日，34 岁的中国科学院计算所工程技术员柳传志还在按照一天一杯茶和一张报纸的模式上班。走进办公室前的柳传志先是到传达室领取了一个热水瓶，跟看管传达室的工作人员开了几句玩笑，然后从写着自己名字的“信格”里取出了当日的《人民日报》。

20 多年后，联想创始人柳传志回忆道：“记得 1978 年，我第一次在《人民日报》上看到一篇关于如何养牛的文章，让我激动不已。自打‘文化大革命’以来，报纸一登就全是革命，全是斗争，全是社论。在当时，养鸡、种菜全被看成是资本主义尾巴，是要被割掉的，而《人民日报》竟然登载养牛的文章，气候真是要变了！”

财经作家吴晓波在撰写文章时，提到柳传志可能记错了。吴晓波的理由是，从现在查阅的资料看，日后创办了赫赫有名的联想集团的柳传志可能有点记忆上的差失。因为在已经泛黄的 1978 年的《人民日报》中，并没有如何养牛的文章，而有一篇科学养猪的新闻。在这天报纸的第三版上，有一篇长篇报道是“群众创造了加快养猪事业的经验”，该文详细地介绍了广西和北京通县如何提高养猪效益的新办法，如“交售一头可自宰一头”“实行公有分养的新办法”等。吴晓波因此断定柳传志看到的应该是这篇新闻稿。

吴晓波坦言，关于柳传志看的报道是养牛还是养猪，这并不重要，重要的是，在 1978 年的冬天，一批像柳传志这样关注政策变化的人已经开始“春江水暖鸭先知”，尽管他们身处寒意料峭的初冬，但是却明显地觉察到了时代的变迁。

在北京，个体户也逐渐热闹起来。1980 年 9 月 30 日，位于北京东城区的翠花胡同，只有四张桌子的悦宾餐馆，起灶开张营业了。

之前一天，北京市东城区工商局的一位领导特地检查了悦宾餐馆，不仅如此，该领导仔细地把悦宾餐馆又看了一遍，还询问了该餐馆准备的详细情况，临出门时，该领导对经营者刘桂仙语重心长地说：“这可是上面批的第一家个体饭馆，你要好好开，千万别给政府抹了黑！”

开张当天，翠花胡同里的顾客非常多。顾客一看见餐馆开门就直接往里挤。为了更有效地营业，刘桂仙不得不让顾客排队领号，甚至餐馆里的原料都用完了，等着就餐的顾客也不肯离开。

让刘桂仙没有想到的是，悦宾餐馆的顾客一天比一天多，一家人根本就忙不过来。没办法，刘桂仙只好定出了 1 个人 10 元钱的标准，顾客必须预订。

悦宾餐馆开张后，当时 72 个国家的驻华大使和 74 家新闻单位的记者闻讯赶来一睹悦宾餐馆的盛况。一些外国顾客在就餐后以外币支付餐费，由于刘桂仙不认识外币而不敢收，说外国顾客给的是假钱。

在接待外国大使和新闻媒体的同时，外国记者提的问题都差不多：“这饭馆是你自己开的还是政府要你开的？”“你担心自己将来挨批斗吗？”“你挣了钱会不会被别人拿走？……”

面对诸多的问题，刘桂仙也不知道如何回答，也想找人问问。

在刘桂仙为此疑惑之际，1981 年的大年初一，时任国务院副总理的姚依林、陈慕华来到悦宾餐馆，鼓励刘桂仙好好干。得到中央领导的认可，刘桂仙悬着的心总算是落地了。领导们离开后，刘桂仙购买了两大麻袋鞭炮，庆祝悦宾餐馆的顺利经营，鞭炮足足响了半个多小时。

改革开放的试验田正在向华夏大地扩散，作为改革开放前沿阵地的浙江率先扬帆起航。1980 年 12 月 11 日，敢为人先的 19 岁浙江省温州籍姑娘——章华妹勇闯商海，领到了温州市工商行政管理局颁发的“工商证字第 10101 号”营业执照。

这张用毛笔字填写并附有照片的营业执照见证了中国改革开放的新浪潮，其历史意义非同小可，因为它是由中国政府颁发的个体工商户营业执照，章华妹因此成为了中国改革开放后第一个合法的个体经营户。

接到领取营业执照的通知时，章华妹欣喜之中却略带犹豫。原因是领取营业执照，必然会登记在册，以后再"割资本主义尾巴"时，营业执照无疑成为一个铁的证据。

正在犹豫中的章华妹得到了父亲的支持。其父深信，既然国家说要改革开放发展经济，领取营业执照断然是不会有错的。

在父亲的支持下，章华妹勇敢地领取了营业执照，把它高高地挂了起来。之前，章华妹的同学见了她都把脸转过去，可不久，社会上就有了这样的顺口溜："政治上是光荣户，生产上是斗争户，倒不如去当个体户。"那一纸证书，成了光荣的证明。[①]

可以说，十一届三中全会揭开了中国社会主义改革开放的序幕。[②]同时也是家族企业蓬勃发展的第一个黄金时代，正是因为中国政府的改革开放，迎来了中国大陆地区家族企业前所未有的发展速度和规模。

1978 年 12 月中国开始走上改革开放的道路，家族企业的种子在华夏大地遍地开花，今天的燎原之势——上千万家家族企业的规模就是当年的"星星之火"。目前，中国有 82.5 万个千万富豪和 5.1 万个亿万富豪，这些富豪基本都是中国最成功的民营企业主。能够在 30 多年就造就 82.5 万个千万富豪和 5.1 万个亿万富豪，正是中国实施改革开放政策的体现，也由此催生了上千万家民营家族企业，有的家族企业已经跃升为行业的领头羊。许许多多的家族企业从白手起家的作坊式经营到体系分明的现代企业。让欧美发达国家的家族企业经营者无法相信的是，中国

①刘青松《真话》，九州出版社，2009 年版，第 25 页。

②仝华《邓小平与改革开放序幕的揭开》，《党史文汇》，2014 年第 8 期，第 9-15 页。

家族企业正在用 40 年的时间经历着西方家族企业的百年历程。

在风起云涌的改革开放浪潮中，风风火火的个体户正在华夏大地上以“星火燎原”之势逐渐地蔓延开来。谭传华在接受媒体采访时称，他曾尝试过开水泥板厂、卖红薯、当贩子卖魔芋块儿、卖中药材等各路活计，自传里记录的第一桶金，就是在县城开花店所赚的数万元钱，他还用这笔钱在县城置下了房产。

02 任何一个企业家的成功，都离不开其时代

任何一个企业家的成功，都离不开其时代背景。谭传华经历诸多挫折，如果没有中国改革开放的那一缕缕春风，他那躁动的创业热情就会熄灭。

这样的分析结果源自我们对“浙商”的研究。在这里，我们就以浙江万向集团创始人鲁冠球的案例来剖析。

“伟大是熬出来的。”这句话用在鲁冠球身上非常准确。如今已经年过花甲的鲁冠球用了 40 多年时间，把一间铁匠铺做成了真正的跨国公司。[①]

然而，这样一个跨国公司的掌舵者鲁冠球至今还操着浓重的浙江乡音。可能让读者没有想到的是，鲁冠球 15 岁就辍学了，并做过铁匠。

鲁冠球 16 岁时的理想是当一名工人，他说：“很简单的道理，要摆脱贫困。农民真的是面朝黄土背朝天，早上三四点钟，天蒙蒙亮就出来种菜，好的卖给城里人吃，坏的、差的自己吃。晚上，蚊子很多，人们还在外面劳作，就这样，都富不起来。”

让鲁冠球欣喜的是，当时正赶上城市需要工人，他介绍说：“正好有个机会，城市里需要工人，我们就去了。一开始 14 元钱，还有 2 元衣

①张刚《不倒翁鲁冠球》，《英才》，2008 年第 4 期。

服费。我干了 3 年，工资最高涨到 35.5 元，拿了两个月。”

然而，由于 3 年自然灾害，鲁冠球的工人梦因此破碎了。鲁冠球说：“城里养不活我们了，现在叫下岗，那时候叫精简。1961 年，全国精简 2000 万工人，我是其中一个。不想回农村，怎么办？当工人 3 年有了点手艺，开始在农村修自行车、钢丝车，一个人开始，就是要摆脱贫困。”

在鲁冠球看来，这种寻求脱贫的个人努力，从中华人民共和国成立后就没有间断过。鲁冠球说：“即使在‘文化大革命’那个年代，我们萧山、绍兴照样也有民营企业存在。”

正是这 3 年的铁匠经历让鲁冠球觉察到机械农具市场的商业前景，在此基础之上，经过几十年的努力，鲁冠球把一个小小的农机小作坊做成了一家跨国公司。

在中国走出去的大战略中，鲁冠球果断出击。2001 年 8 月 28 日，鲁冠球收购了纳斯达克上市公司——美国联合航空公司（United Airlines，简称 UAL），从而开创了中国乡镇企业收购海外上市公司的先例。

不仅如此，与其他乡镇企业大多昙花一现不同的是，鲁冠球获得了数不清的桂冠，同时也奇迹般地成为中国民营企业家中的常青树。从一个洗脚上田的打铁匠到全球经济一体化背景下的企业家，鲁冠球向我们展示了一个农民传奇般的成长故事。①

取得如此的佳绩，当然离不开鲁冠球敏锐的市场洞察力及其商机意识。在 20 世纪五六十年代，中国大陆地区都是计划经济，把创业的想法付诸实践那可是一件非常了不起的事情。

鲁冠球办了一家米面加工厂，尽管勇气可嘉，但是不佳的创业环境无疑给鲁冠球的首次创业带来了诸多阻碍。

究其原因，鲁冠球开办的米面加工厂当时被人斥责为地下黑工厂，

①何德军《鲁冠球：中国最会赚钱的“农民”》，《首席执行官》，2006 年第 10 期。

由于中国大陆地区当时的政策气候，米面加工厂不得不关停，而加工米面的机器也被廉价拍卖。

为了还清开办米面加工厂向亲友借贷的3000元启动资金，鲁冠球只好卖掉刚过世的祖父的遗产——三间旧房。尽管欠款得以还清，但是鲁冠球的第一次创业几乎倾家荡产。

然而，在1969年，鲁冠球迎来了一个机会，该机会就是接受宁围公社领导的邀请，接管宁围公社农机修配厂。鲁冠球开始了自己的第二次创业。上任后的鲁冠球，凭借敏锐的商业嗅觉，依靠传统的作坊，生产犁刀、万向节等。让鲁冠球欣喜的是，正是靠这些产品完成了最初的原始积累。

当完成原始积累后，鲁冠球开始战略转型。1979年，他集中优势力量专业化生产汽车的万向节。然而，刚生产的万向节产品质量有问题，此时鲁冠球做出了一件其他人想都不敢想的事情。

1980年，鲁冠球将价值43万元不合格的万向节产品卖给了废品收购站。然而，他的做法得到了回报——在全国万向节厂整顿检查中，鲁冠球所在的工厂赢得了99.4的高分。雄居全国万向节生产厂家之首。从此，鲁冠球的工厂被列入定点生产万向节的工厂名册。

1980年至1989年，鲁冠球所在工厂生产的万向节产品，其经济效益年均增长达40%以上。1988年，商业嗅觉敏锐的鲁冠球判断，随着改革开放的深入，万向节产品的市场需求必定很大。在这样的背景下，他以1500万元的价格向宁围镇政府买断万向节厂的股权。

20世纪90年代，鲁冠球不满足本土市场，提出了新的战略方针——“大集团战略、小核算体系、资本式运作、国际化市场”，把“钱潮牌”作为万向节产品的商标。这样的战略转型证明了鲁冠球的判断——成功把“钱潮牌”万向节产品卖到日本、意大利、法国、澳大利亚、中国香港特别行政区等18个国家和地区。

如今的鲁冠球，不仅是浙江企业界的常青树，也是中国企业家中的常青树，他见证了中华人民共和国成立后的商业历史，也是中国改革开放的受益者。因此，可以肯定地说，没有改革开放，鲁冠球的国际化梦想可能刚一散发便戛然而止。同样，没有改革开放，谭传华的创业梦想也会胎死腹中。

03 "在农村的环境中，除了做生意我别无选择"

改革开放不仅激活了中国国有企业的经营能力，同时也激发了数以万计的中国创业者的梦想和激情。

关于自己的创业初衷，谭传华在接受媒体采访时坦言："18 岁，下河炸鱼，不慎炸掉了右手，人生轨迹自此发生改变。在那个年月，一个残疾人在农村就是一个失去劳动能力的人。有朋友给我判过'死刑'，说太老实，不能做生意。人常说无商不奸，无奸不商。手又残废了，不能做农活，做生意又不会"奸"，做政府官员更没有机会，但在农村的环境中，除了做生意我别无选择。"

在谭传华看来，自己创业做生意就是为了生存，为了更好地改变自己的生活状态。谭传华说道："这一阶段我称之为草创阶段，凭的就是直觉，更准确地说就是为活命，既然木雕不能赚钱，总不能等着饿死吧，解决吃饭问题是个比什么都严峻的问题，那个阶段天天都处在救火的状态。"

众所周知，解决吃饭问题对于一个人的重要意义。老干妈创始人陶华碧也有过类似的观点。当媒体记者说陶华碧"您很要强"时，她的回答非常实在，没有官腔和应付："我要不强，我们生活都无来源。女人只要有事业心，哪儿都能够撑下去。更何况现在党的政策又好了，只要你不乱，我什么都能做得到。”

在陶华碧看来，其创业的最大动力源于改善生活，甚至是为了更好地生存下去。如今，尽管陶华碧已经功成名就，但是在当时却是为了明天的饭钱而发愁。

穷困、平淡生活中的陶华碧自然向往更好的生活，希望有朝一日也能衣食无忧。为了实现这个目标，陶华碧开始了自己的探寻之路。在陶华碧看来，要想实现这个目标，必须解决生存问题，因为陶华碧“生活都无来源”，何来衣食无忧。

在这样的背景下，陶华碧挑了一条最艰难的路——创业。在创业这条路上，陶华碧通过自己的双手，精心研制辣椒酱，在创业初期她亲力亲为，结果真的就赚到了钱，最后的收获远远地高于她的预期。当然，正是寻求生存萌生创业想法，让陶华碧的老干妈实业越走越远。

可以说，陶华碧求生存、谋发展的创业之路，不仅让陶华碧成为一个成功的企业家，在追求利益最大化的同时，也为社会创造出巨大的商业价值。

在当时，由于中国改革开放的国家战略激活了民众的创业热情，推动了潮水般的创业浪潮势如破竹地向前发展，第一批企业家们虽然很辛苦，但是却能克服各种困难。

当创业的星星之火被点燃之后，涌起的第一次大规模下海经商热潮席卷中国大地，当年 10 亿人口 9 亿商的全民创业时代来临，催生了中国成为创业活动十分活跃的国家。财富的另一面是：促使全民创业的热情动力居然是为了更好地生存和生活。如今很多企业家在各种场合下更多地讲实现各种梦想和未卜先知的企业家精神，却极少提及当年“为了改变生活”的初衷。

这样的观点得到新希望创始人刘永好的证实。20 岁之前，刘永好没有穿过一双像样的鞋，也没有穿过一件新衣服，当年创业就是为了吃红烧肉。

1966 年，年仅 15 岁的刘永好为了能够与老师共赴北京，特意挑了一件家里最好的"呢子"衣服。

这件衣服是刘永好的父亲于 1949 年土改时在地摊上买的，据说是英国进口的毛料，在父亲和 3 个哥哥手中辗转了 17 年后到了刘永好的手中，早已看不出原来的颜色，样式也改了不知道多少遍，此刻的刘永好依然把这件"呢子"衣服当成了宝贝。当年的他渴望早一天过上好日子。刘永好的母亲告诉他，好日子就是，"1 周吃 1 次回锅肉，两天吃 1 次麻婆豆腐"。然而，20 世纪 70 年代的中国，物资较为匮乏，这种现实生活与理想世界相去甚远。

一件意外的事情让刘永好"1 周吃 1 次回锅肉，两天吃 1 次麻婆豆腐"的梦想有了转机。事情是这样的，1980 年的中国春节跟往年一样，刘永好的二哥刘永行为了让 4 岁的儿子能够在过年时吃上一点肉，于是，在马路边摆了一个修理电视和收音机的地摊。在从大年初一到初七的短短 8 天时间里，刘永行竟然赚到了 300 元，相当于 10 个月的工资。

此件大事如同一颗重磅炸弹，让刘永好兄弟们有了创业的想法，刘氏四兄弟一致认为："既然能靠修理无线电挣那么多钱，我们是不是可以办一家电子工厂呢？"

说干就干，刘氏兄弟就这样开始迈出了创业的一步。对于学计算机的老大刘永言、学机械的刘永好以及会修理家用电器的刘永行而言，生产电子产品并不是一件很难的事情。没过多久，中国第一台国产音响横空出世了，刘氏兄弟为此起名叫"新意音响"。

20 世纪 80 年代的中国，改革开放刚刚起步，一些省份还处在从计划经济向市场经济转变的过程中。刘永好拿着他们制造的音响准备与生产队合作，刘氏兄弟出技术和管理，生产队出钱，各自拥有 50%的股份。让刘氏兄弟没有想到的是，当地官员一句"集体企业不能跟私人合作，不准走资本主义道路”就让刘氏兄弟们的美梦胎死腹中。

尽管音响没有能够做下去，但是，刘氏兄弟的创业愿望却更加强烈了。20 世纪 80 年代，“万元户”在媒体上被广为宣传。1982 年，刘永好的新理想不再是“1 周吃 1 次回锅肉，两天吃 1 次麻婆豆腐”，而是成为“万元户”。要想成为“万元户”，只有创业。在第一次创业中，搞音响投资过大，加上条条框框较多，刘氏兄弟决定搞养殖业。其理由是，养殖业不需要过多投资，技术含量低，自己也熟悉。

当刘氏兄弟把养殖业作为创业项目之后，遭到了左邻右舍的鄙夷和不屑的议论。尽管如此，刘永好和兄弟们不顾邻居的冷嘲热讽，还是在自家的阳台上养起了鹌鹑。鹌鹑越养越多，鹌鹑下的蛋也越来越多。每天下班回家后，刘永好和二哥刘永行就骑着自行车沿街叫卖鹌鹑蛋，偶尔碰到自己的学生，尽管面子有些挂不住，但还是坚持下来了。

当钱包渐渐地鼓起来时，刘氏兄弟再次开启创业引擎，商量决定去古家村办一个良种场。

为了名正言顺地创业，确保不是“走资本主义道路”，没有“拉社会主义后腿”，刘永好不得不到县里去寻求时任县委书记钟光林的帮助，问回乡创业“要不要得”?

“没啥子问题嘛!”钟光林很开明，但是书记毕竟是书记，紧跟着提了一个条件：“你们要带起 10 户专业户。”

解决了身份问题，吃了定心丸的刘氏兄弟们开始筹资，马上向银行申请 1000 元的贷款，结果银行不贷，这样的开局犹如当头一盆冷水。当然，在 20 世纪 80 年代的中国，1000 元对于银行来说不算是一个大数目，但是对于此刻的刘氏兄弟们来说，却不是个小数。

筹资无果的前提下，刘氏兄弟四人变卖了手表、自行车等家中值钱的物件，凑足了 1000 元创业启动资金。多年后，每当春节时，地方工行、农行、建行的总经理们都纷纷来找刘永好，其目的是贷款给刘永好，然而，此刻的刘永好也非当年，不得不找个地方躲起来，因为刘永好已经不再需要贷款了。

筹集好启动资金后，三哥陈育新（刘永美）率先"停薪留职"，下乡当起了"育新良种场"的场长。为了保险起见，刘永好和大哥、二哥决定随后再"停薪留职"。

在"良种场"，其主营业务主要是孵小鸡、养鹌鹑和培育蔬菜种。在养殖中，由于没有孵化箱，刘氏兄弟就到货摊上收购废钢材，然后到工厂租用工具自己来做。为了建厂房，刘永好从成都买回一拖拉机旧砖，由于道路狭窄，拖拉机无法进村，旧砖被卸到了两公里之外。刘永好带头，几个农民兄弟帮忙，手抱肩扛，愣是把一车砖给搬了回去，那一天是 1983 年 12 月 8 日，天气非常寒冷。到了年底，刘氏兄弟一盘点，这一年育新良种场孵鸡 5 万只，孵鹌鹑 1 万只，并带出了 11 个专业户。

不管是谭传华、陶华碧，还是刘永好四兄弟，当初创业的初衷都是为了更好地改善生活，正是基于这样的想法，改变了很多企业家的人生。

可以肯定地说，谭传华、陶华碧和刘永好四兄弟不过是中国创业者中敢于承认这个观点的企业家，在偌大的中国，成千上万的企业家们因此谱写了民营企业崛起的咏叹调。

第三节　最困难的两年与“猪圈”工厂

如今的谭传华，可谓是功成名就，不管是在聚光灯下，还是在媒体的评价中，都是最引人注目的那位。但是在接受采访时，谭传华总是提及自己当年的创业艰辛。

在创业伊始，谭传华曾经以“猪圈”作为自己的工厂车间，艰难地度过创业早期的 8 年岁月。在他看来，其艰难程度绝非常人能够想象。

的确，在我曾经采访过的多位企业家中，他们都谈及创业初期让人难以想象的艰难和不可名状的痛楚。

大量创业报告显示，成千上万的创业者，靠着借来的、为数不多的启动资金，维持创业维艰的初创阶段；当融资遇阻时，为了引进风险投资，甚至不惜牺牲自己对公司的控制权；瞬间即逝的战略机会，或许以秒的速度也不一定能抢到；把某个想法落地，更是倾尽所有的运气，其成功有时也可能依然遥不可及。正因为如此，谭传华在日后的经营中，始终坚守稳健的战略布局，坚守在木梳行业。

01 漫漫创业

在谭传华的人生中，其转折点是在谭传华18岁那年，在下河炸鱼时，不慎炸掉了右手开始的。其后，谭传华的人生角色，可谓饱含艰辛——做过代课老师，也曾有过两年身背画夹怀揣唐诗宋词的流浪生活，曾至饥饿难挨的境地。①

对于每个年轻人来说，对未来的不确定性，好奇心等如影随形。这就是谭传华23岁时，带着父母给的50元钱浪迹天涯的原因。

在谭传华看来，做不做代课老师，对追寻自己的画家梦和诗人梦未必会造成影响。但是，人生就是这样，正如谭传华写道：“命运是不以个人意志为转移的，有时候人就像在水上漂流，你本来想到这边，一个水流却把你冲走，这很正常。”

命运跟谭传华开了一个大大的玩笑。谭传华两年时间流浪了大半个中国，饱尝了人间冷暖之后，依然一无所获。反而身心疲惫，大病一场，只得回到重庆老家，娶妻生子。

经过两年的流浪，尽管没有成就谭传华画家和诗人的理想，但是却开拓了谭传华的眼界。经过仔细考虑后，谭传华创办了三峡民间工艺美术厂。

又经过半年的辛苦研制，谭传华创办的三峡民间工艺美术厂雕出了各种笔筒、拐杖，以及神鬼人物造型。此刻，谭传华可谓是信心满满，但是，拿着自己得意的产品去参加全国工艺品博览会时，谭传华却突然发现，浙江东阳等地的同类产品太成熟了，其他厂家产品的销售价格比

①李峻岭《谭木匠：我是对钱最不看好的，钱一多心就乱》，《理财周报》，2010年1月11日。

自己的成本还低，这意味着自己最为得意的产品在市场上毫无竞争力可言：一是自己的木雕卖价太贵；二是技术也不成熟。与其他产品相比，“简直就是小儿科”，没办法比。①

在创办三峡民间工艺美术厂之前，谭传华还做过其他行当。早在1984年，谭传华就在家乡开县岳溪镇做起了预制水泥板生意。所谓预制板，就是早期建筑当中用的楼板，这是工程要用到的模件或板块，需要在工厂加工成型后直接运到施工现场进行安装。

制作预制板时，先用木板钉制空心模型，在模型的空心部分布上钢筋后，用水泥灌满空心部分，等干后敲去木板。

预制水泥板是一种建筑盖房用的材料，尽管此行当看上去与现在他从事的梳子生意确实距离很大。在中国西南部一个山区小镇上，谭传华的想法居然是：“一定要做中国最好的水泥板。”

客观地讲，谭传华在从事预制水泥板的生意中已经表现出强烈的市场意识——对客户需求的重视。这样的市场意识一直保持到现在所从事的梳子生意中。

谭传华介绍说：“我当时采取的很多招法，是当时的人们想不到的。比如，那时每年我都要召开用户代表座谈会，把那些买过我水泥板的人喊过来，请他们吃饭，听听他们的意见和评价。”

其后，谭传华果断地放弃了预制水泥板生意。其原因是，一次，谭传华用汽车运输一整车水泥板到附近的一个镇上去，经过几十公里的长途颠簸，达到目的地后，一车的水泥板断了一半。谭传华回忆说：“路太烂，都是被颠断的。……后来，我发现做全国最好的水泥板希望不大。如果有一天有机会的话，我就做一个小东西，然后把它卖得很远很远。”

①李峻岭《谭木匠：我是对钱最不看好的，钱一多心就乱》，《理财周报》，2010年1月11日。

就这样，谭传华就把预制水泥板厂交给了他的一个部下去做了。据谭传华介绍，该预制水泥板厂后来又持续经营了 4 年左右，就关张了。当时关门时，还亏损了“两三万块钱”。

谭传华放弃水泥板生意后，再次寻找新的商业机会。他从岳溪镇来到了开县县城，凭借自己的绘画能力，开始画玻璃画。由于是自己画、自己卖，1 个月后盘点下来，谭传华赚到的钱刚够支付房租。面对如此境遇，他随之放弃了玻璃画生意。

后来经过市场调研，谭传华开起了花店，不过那时销售的不是“鲜花”，而是在当时看来比较时髦又好看的“绢花”。基本方法是到重庆去购进绢花，然后到县城来卖，做这个生意的流动资金主要来自他此前做预制水泥板的一些积累。①

谭传华说道：“我卖花卖得很好啊。当时我是县城里第一家卖绢花的。之前，人们买的是供销社卖的塑料花，塑料花又老气、又不好看，随着生活水平的提高，人们的家居装饰意识和需求开始出现。那时候人们还买不起鲜花，鲜花太奢侈了，市面上基本上没有卖的。比较好的选择是买绢花。”

在 1987 年、1988 年、1989 年 3 年时间里，谭传华销售绢花每年可以赚几万块钱。3 年下来，谭传华赚了十几万块钱。直到现在，谭传华还清晰地记得，绢花店开张后生意就很好，他花了 1700 元钱购进的绢花，3 天就卖完了。后来谭传华又赶快跑到重庆去第二次进货。再后来，市场发生了变化。县城里陆续开了 7 家绢花店。在这种情况下，谭传华果断卖掉了花店。②

在谭传华的骨子里，还是想“玩”点艺术。于是谭传华搞起了黄杨

①李峻岭《谭木匠：我是对钱最不看好的，钱一多心就乱》，《理财周报》，2010 年 1 月 11 日。

②同上。

木雕生意，但是销路不理想。谭传华坦言："我业余喜欢画点画，写点东西。"

02 缘来"木梳"

当第一批木梳产品生产出来后，谭传华异常激动。在他看来，自己生产木梳的市场前景肯定很好。于是，谭传华派了4个销售员到万县，吆喝了一天，结果却只卖出一把梳子。即使如此，现在的谭传华依然用"激情燃烧的岁月"来描述当年的那段充满希望的创业时光。

生产木梳产品，放弃木雕生意，这样的转变源于谭传华参加深圳工艺品展览后作出的决定。当木雕产品无竞争力后，确实打击了谭传华的"初生牛犊不怕虎"的锐气，但是他却依然保持着较为清醒的头脑。

谭传华在深圳"锦绣中华"景区曾问一名服务员："店里有哪些东西好卖？"

服务员回答说："木头梳子好卖。"

成功者有成功者的理由，此刻，谭传华脑袋灵光一现，"为何不生产木梳？"就这样，谭传华购买了一把木梳带回万州。后来，谭传华在接受媒体采访时说道："我从来没听说过，木头梳子还好卖。当时我就花两块钱买了一把。"

1993年，谭传华贷款20万元，在重庆万州成立了"万州三峡工艺品有限公司"，专门做木梳产品，这就是知名品牌谭木匠木梳产品最早的起源点。

可能读者不知道的是，谭传华这个新公司的所在地，原来只是一个国有的养猪厂。更让读者想不到的是，谭传华在这个"猪圈"工厂中，一待就是8年。

时隔多年，谭传华在向媒体介绍时说道：“当时购买的那把梳子所用材质是比较差的木头，做工也不是很精致。”

在谭传华看来，木制梳子的工艺应该不复杂，应该是有利润可图。谭传华说道：“既然服务员说好卖，就说明有市场，同时我也联想到人们有一种回归自然的感觉。实实在在说，当时我看到那把梳子的时候就知道这个东西可能有市场——每个人都可能会用。所以当时就开始下了决心做梳子。”

虽然谭传华觉察到木梳的市场潜力，但是他把梳子带回家后却并不清楚梳子是如何制作出来的。不得已，谭传华就去找那些“梳子匠”请教。

他向这些老匠人请教的目的就是学习传统的手工做法。当谭传华了解到传统手工制作木梳的方法后，便提出了自己的新方法——用机器设备来制作。

接下来，谭传华找了几个工程师为自己研发制作木梳的设备。经过几个月的研制，木梳机器终于做出来了，然后开始生产梳子。

此刻摆在谭传华面前的是，厂房租金、人员工资（当时有 30 多个工人）、水电费用、机器设备费用、原材料费用等成本如何消化，怎样才能持平甚至盈利等问题。

当初，谭传华到万县（万州区）去做木雕生意时只有 6 万元存款。折腾了 1 年后，这 6 万元基本上都用完了。谭传华想到了贷款。

谭传华回忆道：“租的厂房，招的人。做雕刻的时候已经有 30 多人了。后来雕刻卖不出去，就转做梳子。30 多个人的工资还得发啊。水电啊，租房子啊，买材料啊，做机器设备啊。这些东西都要投入啊。”

急需资金周转，谭传华不得不开始求助亲戚朋友，其中有一个同样姓谭的好友，此人当时是岳溪镇一个农行营业所的主任。最终，谭传华从营业所借了 29 万元贷款。之所以是 29 万元，是因为当时超出 30 万元贷款需要营业所的上级审批。当时的情况是，谭传华只出具了一张借条。[①]

29 万元装了密码箱满满一箱子。谭传华兴奋地提着密码箱直奔万州，“梳子厂”就是这样干起来的。后来的情况是，29 万元贷款拿回来后，谭传华的哥哥借去了 15 万元。谭传华说道：“我二哥也在做公司。我当时就只剩下 14 万元，这 14 万元支撑了两年多。”

03 最困难的两年初创岁月

时隔多年后回头来看，谭传华始终认为，1993 年和 1994 年是自己做梳子生意最困难的两年时间。

从 1995 年开始，谭传华的木梳生意渐渐地有了起色。1996 年后，生意就开始好起来了。

谭传华介绍称，在最困难的两年里，主要的问题是由于梳子产品并不成熟：技术有问题，资金也很缺，包装也跟不上。当时，销售也没经验，销售通道没打开，更没有品牌效应可谈。那时梳子的牌子还不叫谭木匠。最早叫“三峡”牌，在市场上没打出去（当时曾有很多的“三峡”牌），后来又取名“先生”牌，“小姐”牌，也没有打响。[②]

谭传华说道：“我们在猪圈里呆了 8 年嘛。当时租用了一个国有的养猪厂。我们刚搬家去的时候，那里的猪刚好也要搬到新家去。那个画面很有意思，有拍电影一样的趣味性。我们二三十个人站在门口，像夹道欢迎一样。那些肥猪趾高气扬地离开，去它们的新家。正可谓：猪走了，人来了。”

①李峻岭《谭木匠：我是对钱最不看好的，钱一多心就乱》，《理财周报》，2010 年 1 月 11 日。

②同上。

即使身处最困难时刻，谭传华始终认为自己能够做好。谭传华说道：“我做事情比较喜欢一个猛子扎下去。这是我的长处，沉得下去。而且我也知道，我会站在那个点上。我有信心。”

基于此，大胆的谭传华在1995年正式注册谭木匠梳子商标。在谭传华的印象中，比较深刻的是，进入1995年，一些商场开始代销谭传华他们工厂生产的梳子，随之而来的是，现金流状况开始好转起来。

当市场销路渐开后，谭传华就开始不间断地进行技术创新，不间断地淘汰落后产品。直到现在，工厂里还有一些1993年和1994年生产的梳子。谭传华说道：“打个不好的比喻，这些梳子粗糙得有点像猪八戒的钉耙。所用木料不好，喷漆质量也不高。拿在手里不舒服。现在看起来，觉得好羞，难怪市场不给投票。”

第四节 “谭木匠招聘银行”现象

2017年，电视剧《人民的名义》可谓是一个名副其实的“爆款”产品。不管是官媒，还是自媒体，该剧总是占据其头条，足以看出其热度。

其中，最引人关注的是，《人民的名义》的一个片段把民营企业融资困难真实地描述了出来，引起了创业者、企业家们的共鸣。

在他们看来，《人民的名义》说出了他们融资困难的心声，似乎展现了他们自己的融资窘境。为此，有学者甚至撰文坦言：“剧中对民营企业当前所遇的诸多问题没有回避，字字戳心，借人物之口说出企业家们长久以来想说的话。”

纵观古今，融资难的问题似乎总是绕不过去的话题，在谭木匠的生存和发展中，作为经营者的谭传华也同样遇到此问题。面对融资瓶颈，谭传华通过一个事件，营销——“谭木匠招聘银行”广告，巧妙地解决了融资困难问题。

01 一篇新闻稿引发的“蝴蝶效应”

1997年3月6日，谭传华创建“谭木匠工艺品有限公司”，专门销售梳子、镜子、组合礼盒，以及其他饰品。

在创业初期，谭传华经历了较为艰难的市场推广，还曾烧过价值30多万元的不合格产品，做过无数次产品技术的改良，甚至还创办过《快乐的谭木匠》宣传漫画报……

功夫不负有心人，从1993年开始做木梳到1997年创建“谭木匠工艺品有限公司”，谭传华经过屡败屡战的不懈努力，小小的木梳产品终于获得了较好的市场知名度。

正当准备磨刀霍霍大干一场时，谭传华遭遇到了当时的中国创业者常见的困难——由于没有固定资产作为抵押，当地银行都不愿意贷款给谭传华这个靠生产小梳子为生的小企业老板，谭木匠已经开始出现由于缺乏资金后继乏力的问题。

1997年8月19日，作为创始人的谭传华想尽各种办法，甚至苦苦哀求银行贷款，结果无济于事，这令谭传华无比愤怒。

不得已，谭传华找到《重庆商报》原总编辑邱远勋，要求在《重庆商报》上打一个整版广告——谭木匠工艺品有限公司招聘银行。

1997年8月18日，《重庆商报》头版头条刊载《谭木匠招聘银行》的相关报道。在当时，民营企业融资难、贷款难是中国所有中小民营企业共同面临的成长难题，谭传华却另辟蹊径地“招聘银行”，让此次事件引起国内外媒体的关注，中国乃至全球1000多家媒体因此蜂拥而至，出现了争相报道“谭木匠招聘银行”现象。

不仅如此，此次事件随后在中国金融界、企业界引发了一系列前所未有的关于“银、企关系”的世纪大讨论。

正是这篇报道，让谭木匠不仅融到期望的资金，同时也是一个远征的起点。2009年12月，谭木匠在香港成功上市。

《重庆商报》原总编辑邱远勋在获悉谭木匠上市的消息后回忆起12年前的往事非常感慨：“当初的小树苗如今已经长成大树，本报为民营经济发展做出了自己的贡献。”

02 一个小时托起梳子王国

据邱远勋回忆称，1997年8月17日，谭木匠工艺品有限公司创始人谭传华突然给自己打电话寻求帮助。当时，谭木匠正处于“发育期”，专卖店大约有30个，年销售额近500万元。此时，谭木匠突然被万县（万州区）信用社收紧“银根”，其贷款的额度只有10万元，根本无法满足谭木匠日常资金的正常周转。

在电话里，谭传华问道：“以前都是银行选企业，我来招聘一家银行，行吗?”

作为媒体人的邱远勋，立即洞察这是一个不错的新闻事件。在邱远勋看来，发展民营经济，是一个革新观念、大胆尝试的事情，于是大力支持。邱远勋亲自操刀，用一个小时的时间就写出了一篇日后影响世界的重磅报道。

第二天，《谭木匠招聘银行》新闻稿刊登在《重庆商报》头版头条上，其后被中国数百家媒体以及日本《读卖新闻》、美国《财富》杂志等国际知名媒体转载、跟进报道，有些还到重庆市万州专程采访。

据谭传华介绍，《重庆商报》报道此次事件后，重庆市以及万州等政府部门纷纷打电话给他，表示一定协助解决资金难题①。谭传华因此获得百万元贷款。

①刘勇《谭木匠创始人谭传华单手打天下造就传奇人生》，《重庆商报》，2010年8月13日。

03 一石激起千层浪的100万贷款

一石激起千层浪，《谭木匠招聘银行》新闻事件成为引发蝴蝶效应的风口。尤其是当《谭木匠招聘银行》的新闻事件被报道后，在媒体和政府的介入下，当时的建行万县分行主动上门，向谭传华贷款100万元，并从那时起，一直合作到如今。

当然，前来"应聘"谭木匠的银行肯定不止建行，还有中行、农行、工行等银行。当时，融资难一直影响中小企业的生存和发展，尤其是在1997年计划经济意识犹浓的银行界，成千上万的中国民营企业，通常是踏破铁鞋也不一定能够贷到款。而《重庆商报》这一组报道，唤起了人们对民营企业的深刻关注。①

在媒体和地方政府的撮合下，谭传华终于得到了银行的大力支持，其知名度也席卷全国。此刻，谭传华已经开始有意布局整个中国市场。当然，他非常清楚地意识到，仅仅依靠一个新闻事件赢得"第一品牌"的可能性很小。

在当时，谭木匠的销售模式主要依靠商场等铺点渠道。让谭传华没有想到的是，当谭木匠木梳影响中外媒体后，其他木梳企业也开始慢慢地苏醒起来，商场的终端竞争也随之激烈起来，同质化竞争由此开始。

此刻，谭传华发现，商场铺点渠道这条路不仅走得很慢，而且有日益走下坡路的趋势。他开始变革，无意中尝试建起来的几个专卖店，营业额却节节飙升。

在此刻，谭传华深知，与其深陷于商场铺点的肉搏战，不如另辟一

①刘勇《谭木匠创始人谭传华单手打天下造就传奇人生》，《重庆商报》，2010年8月13日。

条蹊径开展专卖店营销。为此，谭传华利用从银行融到的资金开始着手两件事：第一，在中央电视台投放广告；第二，立即请来当时大名鼎鼎的“余明阳专家团”，为谭木匠导入企业形象识别系统（Corporate Identity System，简称CIS）。

导入企业形象识别系统，就花去了谭木匠当年三分之一的利润。不仅如此，谭传华重新规划谭木匠的企业战略，撤出各地的商场柜台，将渠道重点转向专卖店。

1998年3月7日，谭木匠正式开启了连锁引擎——谭木匠与第一个加盟连锁店签约。此举意味着，谭传华从此开始了特许经营的发展途径——特许加盟让谭木匠走上了产销可控、渠道可控、品牌可控的长远发展道路。

第五节　做大木梳的缝隙市场

在中国木梳市场，诞生 20 年的谭木匠能够取得如此优秀的市场业绩让媒体和研究者惊诧不已。究其原因，谭木匠在高档小木梳制品市场独占鳌头，甚至垄断其市场。之所以能够称霸小木梳消费品领域，是因为谭木匠细分出高端木梳，从而挖掘出自己的蓝海消费品市场。

众所周知，谭木匠通过特许加盟的方式，逐渐地在中国建立了自己的分销渠道和网络体系，当特许加盟店达到一定规模时，就达到了与“大分销”殊途同归的效果。

就这样，谭传华凭借小小的梳子和镜子，经过自己多年的努力经营，硬生生地把谭木匠打造成为中国知名的木梳品牌，也因此创造了巨额财富神话。

这样的商业神话在浩浩荡荡的中国也不多见，可谓是书写了企业家不屈不挠、专注创业的励志故事。

当中国政府“大众创业万众创新”的战略实施后，谭传华的谭木匠神话激励了中国数千万的创业者，以及上亿的、即将创业或者打算创业的人群，可谓是一个不大不小的奇迹。

01 特许经营的商业神话

从 1997 年 3 月 6 日创建谭木匠，到 1998 年 3 月 7 日，谭传华与第一家加盟连锁店签约开始，谭木匠一直以特许加盟的经营模式发展。

经过几年的发展，谭木匠的规模优势开始显现：2001 年初，谭木匠已有 100 家专卖店；2003 年 4 月，谭木匠已有 200 家专卖店；2004 年，谭木匠取得了进出口经营权，开始进行进出口业务；2005 年 7 月 26 日，谭木匠新加坡第一家店开业……2009 年 12 月 29 日，谭木匠在中国香港联交所挂牌上市前，已 3 次登上福布斯中国潜力企业榜，3 次获得年度中国零售业优秀特许加盟品牌称号。

时至今日，谭木匠已经不再是当年那个弱小的小微企业，而是集家具、梳理用品、饰品于一体的小木制品专业化集团公司，旗下包括重庆谭木匠、谭木匠发展有限公司、谭木匠手工馆、美裕饰品、自强木业等子公司。谭木匠控股有限公司管理中心位于香港和江苏句容，工厂坐落在重庆万州，占地面积 54000 平方米，拥有专利 80 多项，产品销售国内 200 多个城市以及美国、韩国、新加坡等国家。

2018 年 9 月 19 日，谭木匠发布 2018 年中期报告，根据报告数据显示，截至 2018 年 6 月 30 日，谭木匠实现收益人民币 1.58 亿元，同比增加 0.1%；毛利 1.06 亿元，同比增加 0.3%。

报告还显示，2018 年 6 月 30 日，谭木匠在中国内地拥有 1223 间特许加盟店，在其他国家及地区有 6 个专柜及在中国香港特别行政区拥有 3 个直接经营店。

报告还显示，在线上业务方面，2018 年上半年顺利完成销售指标，相比同期增长 7.8%，客单价 186 元，比 2017 年同期增加 13 元。

与 2017 年的业绩相比，谭木匠的发展相对平稳。根据谭木匠 2017 年的财报数据显示，谭木匠 2017 年的营业收入创下历史新高，达到 3.02 亿元，同比增加 14.3%，毛利增加 13.6%至约 1.97 亿元，毛利率高达 65.2%，年度溢利增加 5.4%至约 1.2 亿元; 每股盈利 48.23 分。

研究发现，谭木匠之所以能够取得业绩增长，其主要原因是谭木匠提升了线下业务的团队组织、店铺形象和渠道分销，以及线上业务的积极营销策略。根据 2017 年的财报数据显示，在线下，谭木匠 2017 年增开新店 177 家，超过计划 27 家，截至 2017 年末，谭木匠拥有 1275 个特许加盟店铺以及 4 个直接经营店铺。

根据财报数据显示，谭木匠 2017 年新开店数量创下近三年新高，而关店数量则创近三年新低，与此同时谭木匠门店结构有大幅改善。谭木匠第三代形象店数目已经提升至 561 个，占比提升 11 个百分点至 44%。

在线上，谭木匠销售平台包括：天猫、京东、苏宁易购、亚马逊、1 号店、当当网等。由于其极致的品质，谭木匠官方旗舰店在主营类目“家庭/个人清洁工具”大类目中取得不错的业绩，日均排名大约在第十名，在梳子类目中排名持续保持第一名。加上在 2017 年谭木匠继续坚持线上线下同价，不参与线上打折活动，既维持了谭木匠产品较高的毛利率水平，同时也维护了谭木匠高端的品牌形象。不仅如此，2017 年谭木匠线上的客单价从 2016 年的 167 元提升至 2017 年的 173 元，线上销售收入同比增长 22%。

02 空白的高端梳子市场没有竞争者

中国人使用木梳已经有几千年的历史。

20 世纪 60 年代，塑料工业席卷世界各地，中国的木梳行业慢慢开始走向没落，特别是改革开放以后，敏锐的沿海省份的企业家们开始投资塑料梳子，由于塑料梳子的价格极低，使得传统的木梳渐渐地失去市场。

然而，塑料梳子的一个弊端是，容易产生静电。这使得一部分用户开始重视木梳，尤其是在本世纪初，随着用户对保健、防静电等功能的需求，木梳和牛角梳又开始逐渐地成为市场的主流。

20 世纪 90 年代，谭传华在创业初始阶段，中国梳子的高端市场却是一片空白，没有竞争者，再加上谭传华将木梳的实用性和艺术性结合起来，创造了多样的梳体造型，赋予其艺术美的品位。

就这样，谭传华就抢占了一个绝佳的市场机会，也成就了今日的谭木匠。在谭传华看来，不仅要摆脱单纯的日用品，增添文化艺术的内涵，同时还必须设计出市场认可的新产品，这样才能保证谭木匠的生存和发展，因为这是谭木匠生存和发展的基础。

为此，谭传华邀请路易威登等国际知名奢侈品品牌的设计大师作指导，并且长期与《设计之窗》等艺术类杂志、网站、艺术院校合作征集作品。

不仅如此，谭传华激发设计部门的研发创意思维，使得谭木匠的产品设计层出不穷，加上谭传华广泛的产品设计思路，使得谭木匠每年都能够推出新品达到 200 多款。就这样，谭传华把竞争者远远地甩在后面。

在销售网络的构建方面，谭传华走过了“摆摊叫卖，国有商场，直营店，直营店与加盟店并举”的坎坷道路。最后，谭传华通过对加盟店的严格考证和科学管理，使得谭木匠的特有文化得到了有效维护和传播。

当然，之所以能够做大木梳市场，与谭传华睿智的市场判断能力有关，同时也与谭传华坚守匠人底线有关。谭传华介绍说：“谭木匠是一个具有传统文化特色的小木制品生产企业。”目前，梳子系列产品占据谭木匠销售收入的80%到90%，谭传华最想看到的是改变目前这种单一产品为主的局面，将梳子业务扩展到精细木制品门类，比如木制花瓶、香盒等生活用品和名片盒、笔插等办公用品方面。①

谭传华坦言：“这些精细木制品的档次将比梳子还要高，单件商品的均价在千元左右。”大量事实证明，能让顾客掏出这么多钱来购买，自然需要真材实料。为此，谭传华聘请德国和意大利的外籍设计师参与设计，在谭传华看来，他们表现的中国文化元素会另有一番风味，而且使用外籍设计师，也是为谭木匠进军海外市场打下了坚实的基础。

03 细分高端木梳市场的优势

在谭木匠的产品中，梳子的定价通常在上百元，比普通梳子的售价高出数十倍以上。在谭木匠高定价的梳子背后，无疑是较高的销售毛利。

谭木匠的财报数据显示，2012 年，谭木匠毛利上升 9.1%，整体毛利率为 66.9%；2013 年，毛利率微升 0.1%达到了 67%。然而，由于遭遇中国经济新常态，2014 年 1—6 月毛利率由 2013 年 1—6 月的 68.6%降至

①张伟靖，王雅文《谭木匠:梳子背后的文化张力》，《瞭望东方周刊》，2006 年第 36 期。

66.7%，下跌 1.9%。①

长江上游经济研究中心副主任杨文举在接受《重庆青年报》采访时说道："谭木匠对品牌有较强的管控力。谭木匠走的是高端路线。其产品质量高，附加值自然也高。其次，谭木匠在一个没有品牌的产品类别里做出了品牌，行业中的影响力很大，声誉度高，在细分市场具有较高优势。"

在杨文举副主任看来："谭木匠的高档次产品的受众群体是高收入群体，这些群体的虚荣心与经济实力成就了谭木匠。"

反观谭木匠的产品发现，由于谭木匠的产品工艺复杂，无疑推高了其销售价格。谭尧介绍说："谭木匠的毛利是偏高的，谭木匠不是 OEM 型的公司，是原创品牌。……谭木匠生产能力在全国小木制品方面有较强优势，然而由于天然木材的原因，原材料的成本只会逐年递增。在商业模式转型期，零售业 2013 年全球零售下滑非常厉害，关闭的不少。"

当然，谭木匠能够成长为木梳行业的霸主，在发展过程中取得骄人的业绩，与谭木匠创始人谭传华是重庆人有关。谭传华在家乡创业，不管是起步，还是做强做大都占到较大的成本优势，同时西部地区低劳动力成本及西部大开发的税收优惠等诸多因素，都有利于谭木匠的生存和发展。

1997 年 3 月 6 日，谭传华创建谭木匠公司，并于初创期完成了原始资金积累，在 1998 年 3 月 7 日与第一家加盟连锁店签约，从此一直以特许经营模式发展。②

谭尧在接受《重庆青年报》采访时介绍说："1997 年至 2009 年不仅零售店加盟商拓展迅速，还完成了在香港联交所主板上市，这是谭木匠进展最快的一阶段。"

---

①赵婷《江苏电商战略"挖角""谭木匠"何以东南飞》，《重庆青年报》，2015 年 1 月 20 日。

②同上。

第二章
品牌塑造

中国许多连锁店都是单纯卖产品，但谭木匠卖梳子的同时还附带卖文化。无论是名称、说明书，还是附赠的小人书，谭木匠给人的都是中国古典文化形象。比如谭木匠的家史，消费者一走进店里就能触摸到这个品牌的灵魂，感受到浓郁的人文氛围。

——谭木匠创始人　谭传华

第一节　谭木匠匠人文化的品牌张力

在中国的连锁店中，谭木匠无论是品牌形象还是产品，都传递出中国传统文化独有的历史底蕴和匠人文化，其品牌张力让顾客流连忘返。

2006 年，《瞭望东方周刊》就专题报道过谭木匠，其中是这样描述一个顾客走进一间谭木匠连锁店时的内心想法的：“时尚，自然，没有刻意的追求，古典中散发出来的那股质朴和稳重，与都市中的一切完美结合。心浮气躁的心情在这里能慢慢恢复平静，开始被周围古色古香吸引。”

该顾客描述的谭木匠，仅仅只是 1000 多家谭木匠连锁店中的一个。正因为如此，谭木匠凭借小小的木梳，赢得了商标局认定并颁发的“中国驰名商标”，登上了 2006 福布斯中国潜力榜，甚至在港交所上市……

谭木匠之所以能够得到各方面的认可，是因为谭木匠拥有较强的品牌文化张力，同时也展现了中国传统文化的深厚底蕴，以及纯真的匠人基因。

01 谭木匠的传统匠人文化

在 2006 年《瞭望东方周刊》的专题报道中，就对上海一个谭木匠专卖店做过非典型介绍：“上海南京路繁华商业街，各色时尚小店林立。

相比之下，谭木匠并不抢眼，店主周明说很多慕名前来者拿着地址条，往往不知不觉就走过了头，再折回来。”

在鳞次栉比的高楼大厦间，不起眼的谭木匠能够吸引慕名而来的顾客，这意味着，谭木匠的某种特质打动了顾客的购买心理。

为此，店主周明自豪地说道：“我这间店铺虽小，可是‘谭木匠’连锁店里的商品是很精致的、是具有中国古文化味道的。”

在谭木匠“诚实、劳动、快乐”的价值观感召下，这位具有数年商海沉浮经历的店主周明毅然选择加盟谭木匠，足以体现谭木匠的自身品牌张力的强大。

“好木沉香”4 个悬挂在店面的古字宣扬了谭木匠的“木”之理念，让进店的顾客能够感受到纯粹的木梳本来的文化内涵。

据谭传华介绍，1000 多家谭木匠特许经营连锁店里，都在营造文化的氛围。在谭木匠的产品系列中，梳子的价格相对较高，有的礼品木梳价格甚至高达上千元一套，而谭木匠曾推出的一款梳子，其价格更是高达 1 万元。该梳子需要 1 个工匠花费两个月的时间才能制成，其工艺不仅复杂，同时也必须坚守品质。正如同北京同仁堂的堂训，见图 2–1–1[①]。

图 2–1–1　北京同仁堂堂训

①北京同仁堂堂训，资料来源于其官网。

具体文字如下：

同修仁德，亲和敬业

共献仁术，济世养生

求珍品，品味虽贵必不敢减物力

讲堂誉，炮制虽繁必不敢省人工

承同仁堂诚信传统，扬中华医药美名

拳拳仁心代代传

报国为民振堂风

众所周知，创建于清康熙八年（1669 年）的北京同仁堂，作为中药行业著名的老字号，之所以能够在 300 多年的历史长河中生存和发展下来，是因为历代同仁堂人恪守“炮制虽繁必不敢省人工 品味虽贵必不敢减物力”的传统古训，以及树立“修合无人见存心有天知”的自律意识，确保了同仁堂金字招牌的长盛不衰。

与北京同仁堂类似的是，谭木匠也同样重视产品的品质。顾客购买的谭木匠梳子，都会配置一个精致的包装盒，并配有相关的、详细的产品说明书。在说明书中，详细介绍了产品的特点，梳理、存放和清洗的方法，以及该木梳的选材和造型所代表的含义。

从这个角度来说，不管是店面的装修，梳子的造型，还是说明书里面的小典故，都能让顾客感觉到中国古典文化的元素。①

很多顾客购买了谭木匠的产品后坦言：“买‘谭木匠’，是在感受中国传统文化。”为此，周明在接受《瞭望东方周刊》采访时介绍道：“我这里经常会来一些外国友人，有一次一位花旗银行的客人，临回美国

①张伟靖，王雅文《谭木匠:梳子背后的文化张力》，《瞭望东方周刊》，2006 年第 36 期。

前专门买了一把彩绘梳，说这是他太太特意叮嘱要他从中国带的唯一礼物。要不是他当时急着赶飞机，我们本应再告诉他中国古文化里何为结发之妻，而小梳子就承载着丈夫日日为妻子梳头的相濡以沫之情。”

02 谭木匠的品牌传播与谭传华的家史

在创业之初，谭传华曾把木梳产品取名“三峡”，结果到商标所查询时发现，竟然有了几百个叫“三峡”牌的商标。

为了凸显品牌自身的匠人文化，谭传华几经推敲之后，结合自己木匠世家的家庭背景，干脆为产品取名为谭木匠。

在谭木匠商品的宣传中，谭传华还突出了自己的这样一段家史：

“我的曾祖父是一位知名的木匠，小有家业。由于爷爷沾上鸦片和赌博，把整个家业输得一干二净，在万般无奈的情况下，年轻美貌的奶奶只好求保长将爷爷抓去当壮丁。寒冬腊月，我的爷爷被绑在家乡桥头的木柱上，光着脚丫，衣衫褴褛，奶奶让年仅 12 岁的父亲送了一碗肉，爷爷边吃边破口大骂奶奶没良心。两年以后，爷爷战死在长沙，奶奶也一直守寡到死。父亲含恨学艺，成了一个好木匠。我长大以后一直想当诗人、画家，由于我的天真和浪漫，付出了惨重的代价，几近饿死街头。天意不可违，我仍然还是做木匠的命。”

从这段家史可以折射出，虽然仅仅只有 20 年的谭木匠企业，却有着悠远的匠人底蕴，同时也在无形中向顾客传递出一种历史沧桑感，使得谭木匠有着几百年历史的老字号基因——匠人文化。

为此，周明在接受《瞭望东方周刊》采访时讲述了这样一个故事：

"有一次，一位年逾古稀的老太太颤巍巍地递给我们一把断裂梳齿的梳子，没错，这就是'谭木匠'的龙凤梳，尽管黄杨木的浅黄色已经变成暗黄色，这是十余年的发油浸润木头的结果，彼时的木梳已经具有了一种不可言说的灵性。我一口答应下来无论如何要帮她修好。在经过打洞、拔齿，插齿，抛光、打磨的一系列工序之后，我们把那把历经岁月冲刷的梳子重新交给了老太太。"

在周明的叙述中，传统木匠的工艺一一尽显。这就是谭木匠虽然很少诉诸广告，却能够得到顾客认可的缘由。

谭木匠公司经营顾问李平为此介绍称，谭木匠被用户接受，主要凭借用户的口口相传。李平坦言："我们靠的就是文化营销。"

谭传华为了更好地传递谭木匠的匠人文化，除了一般企业创办的内刊外，他个人还投资创办了面向全国公开发行的《中华手工》杂志。

谭传华认为，创办《中华手工》的目的有两个：第一，弘扬民族传统文化，传播古老的中华手工文明；第二，通过对传统文化的弘扬，给用户传达出谭木匠产品的传统、手工、文化等讯息。

不仅如此，谭木匠每年都会推出漫画丛书，作为谭木匠的礼品赠送给顾客。重庆协和心理顾问事务所所长谭刚强在接受媒体采访时评价说："普通的一把黄杨木梳子只能卖几元钱，为什么'谭木匠'可以卖几十元、几百元，最贵的一套甚至达 3000 多元？这就是品牌和产品内在的文化所带来的高附加值。谭传华的文化投资，表面上是一种社会公益，但实际上获得了高额回报。"

第二节　不会做品牌就不会做企业

关于品牌的重要性，我们对可口可乐公司前总裁道格拉斯·达夫特（Douglas Daft）曾经说过的一句话并不陌生。他说："如果可口可乐在世界各地的工厂被一把大火烧光，只要可口可乐的品牌还在，一夜之间它就会让所有的厂房在废墟上拔地而起。"

道格拉斯·达夫特这一番话形象地说明了可口可乐品牌所蕴含的无形而又巨大的价值。根据英国品牌评估机构 Brand Finance 发布的"2017 全球最有价值的软饮料品牌 25 强"排行榜（Top 25 most valuable soft drinks brands 2017）数据显示，可口可乐名列第一位，品牌价值高达 318.85 亿美元。

基于此，品牌塑造就成为中国企业家不得不迈过的一道坎，因为不会做品牌就不会做企业。回顾谭木匠的发展历程，谭传华非常注重品牌的建设和塑造。

01 几经易名，敲定"谭木匠"

在创业的过程中，很多创业者往往忽略公司名称对于品牌塑造和传播的重要性，使得很多创业企业在品牌塑造时遭遇"知名度和影响力提升”难题。

英国诗人威廉·莎士比亚（William Shakespeare）说过：“玫瑰不管取什么名字都是香的。”在品牌塑造中，这样的理论也会遭遇黑天鹅事件，因为朗朗上口的品牌名称更易于传播。

在谭传华看来，创名牌必须从起公司名称开始，这一说法有其道理。当产品研发出来，面临的问题有两个：第一，木梳的品牌名称；第二，销售渠道。据谭传华介绍，最开始销售出去的梳子都没有牌子。

在销售一段时间后，谭传华认为，木梳应该起一个好一些的牌子名，于是他就给自己的梳子起名——“三峡牌”“先生牌”“小姐牌”，等等，尽管木梳有了名称，但是这些品名的销售效果都不好。

估计读者非常好奇，谭传华为什么给自己的企业起了一个具有中国特色的名字？关于这个问题，谭传华在很多场合都谈到过。

1996 年，谭传华在看中央电视台春节晚会的某小品中将“玛丽吉丝”改成了“麻辣鸡丝”后，得到灵感，立马就想到了给自己的梳子改名为“谭木匠”。

在谭传华看来，谭木匠这个品牌，既有地道的中国味道，也符合谭传华自己的身份。谭木匠这个商标，谭传华在 1995 年就已经注册，见图 2-2-1。

图 2-2-1 谭木匠木梳商标

客观地讲，在谭木匠的品牌

塑造以及谭木匠的品牌标识上都非常有创意，可以说在品牌名称上，谭木匠就已经胜出。

研究发现，不少精明的创业者早在这方面开始着手了，他们为了有一个好的、新颖的、悦耳的公司名称，有的公司名称经过好几次更名，甚至有的公司名称则是通过举办征名活动，最后综合起一个好听的、朗朗上口的公司名称。

正如应用开发公司 Arkenea 的创始人拉胡尔·瓦沙尼亚（Rahul Varshneya）告诫创业者的，在起企业名字时，“你需要一个具有黏性、朗朗上口、简单、易懂且让人觉得饱含故事的企业名字。有很多方法来为你的创业公司命名：可以是你的主要业务，可以是你能给顾客带来的利益，或者是混搭创始人的名字，当然你也可以通过众包的方式来帮你完成命名。如果你愿意花钱去打造一个响亮的名字，你可以尝试 Namella，这里提供为创业公司命名的服务”。

据资料显示，美国权威调查机构格罗斯曼公司就曾经以“品牌名和销售效果相关研究”为主题，对美国本土内行销的数十万个品牌中的 500 个品牌进行研究，发现了 3 个惊人的事实，见图 2-2-2。

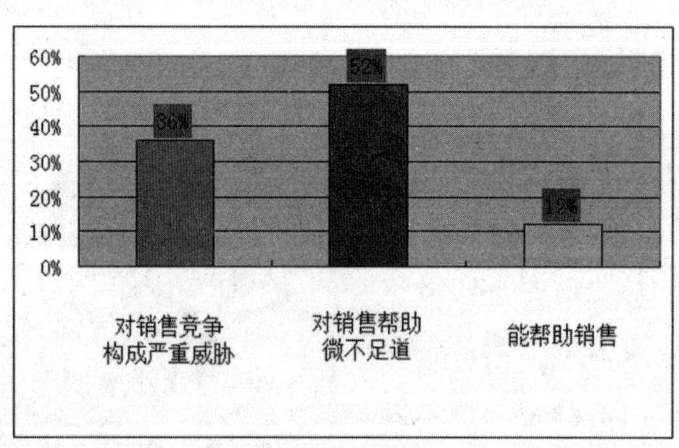

图 2-2-2 品牌名和销售效果相关研究结果

从图 2-2-2 可以看出，①有 36%的品牌名称，对销售竞争构成严重威胁。②有 52%的品牌名称，对销售的帮助微不足道。③只有 12%的品牌名称能帮助销售。

在图 2-2-2 中，从罗斯曼公司“品牌名和销售效果相关研究结果”来看，在给公司起一个好“名字”这个问题上，创业者还是应该重视的。

对于任何一个创业者而言，要打造成百年老店，创业者就必须在这方面倾注更多的精力。当然，创业者付出的心血也就相应要多一点。比如，在美国企业界，平均每年“改名”或“换姓”的企业至少也在四五千家。被迫改名者更是不计其数。

不可否认的是，谭传华几经易名，最终定位谭木匠，其意义非常巨大。因此，可以肯定地说，创业者要想打动消费者的消费心理，一个重要的商业策划和决策便是给公司起个好名字，它将左右公司的经营业绩。

02 “老字号”拥有的历史厚重感

在中国的传统文化中，作为木梳工匠的木匠历史悠久。时至今日，木梳甚至成为中国传统文化的一个载体。

经过数千年的沉淀后，不仅承载了中国古老的文明，同时还蕴含了不朽的木匠艺术。

公开资料显示，1959 年，山东宁阳县大汶口出土了一把回旋透雕的象牙梳，见图 2-2-3[①]。

据考证，此梳子距今已有 4500 余年，此次考古发现震惊了中外史学

①袁培德《在山东大汶口出土的回旋透雕象牙梳》，《嘉兴日报》，2009 年 8 月 26 日。

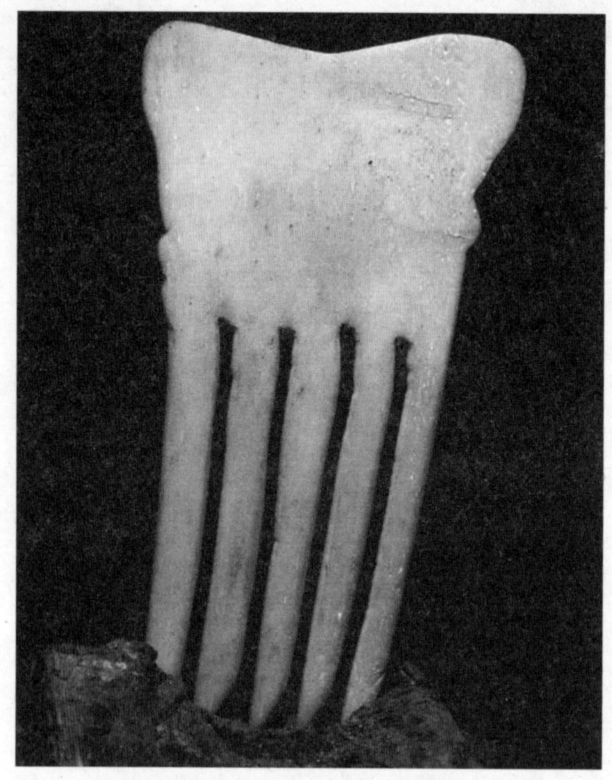
图 2-2-3 1959 年在山东大汶口出土的回旋透雕象牙梳

界。这就意味着中国已经拥有 4500 余年的梳头历史。

众所周知，象牙的质地坚致，光泽柔和，是一种较为珍贵的雕刻材质。根据考古发现，早在旧石器时代，居住在北京周口店的山顶洞人，其随葬的物品中，就曾有象牙雕刻的装饰品。在新石器时代的河姆渡文化、大汶口文化时期，象牙的雕刻品已经趋于精美。

根据考古发现，中国人梳头的历史可以追溯到炎黄时期。随着人类社会的发展，尽管时代不断地变迁，中国人对美的追求并没有因此改变，在中国各地，木梳依然是人们不可或缺的一件必需品。

从这个角度来分析，木梳市场非常巨大，其竞争较为激烈。要想在木梳市场脱颖而出，就必须稳定心神，像雕刻艺术品一样做好每一把木梳，满足顾客极致的体验感。正因为如此，谭木匠赢得了市场的认可，雄踞榜首。

在中国梳子的十大品牌中，无论品种和质量等，谭木匠均位列榜首，见表 2-2-1。

表 2-2-1 中国梳子十大品牌

排名	品牌名称	企业名称	简介
(1)	谭木匠	重庆谭木匠工艺品有限公司	成立于 1997 年，集家具/梳理用品/饰品于一体的专业化公司。
(2)	天天见梳篦	衡阳市天天见梳篦实业有限公司	湖南名牌，中国规模较大的专业生产梳篦的企业之一，农业产业化知名企业。
(3)	白象梳篦	常州梳篦厂有限公司	创建于 1951 年，主要从事系列梳子的生产/加工/销售的大型企业，以独特工艺木梳/手绘梳篦/篦箕闻名业界。
(4)	宫庭	泾县宫庭竹木工艺品有限公司	安徽省著名商标，主要从事木梳/木镜等工艺品的开发/设计/生产/销售于一体的企业。
(5)	MAGGIE 玫姬	斯民实业（东莞）有限公司	香港启发集团旗下，专注于为现代女性提供专业的美发工具及高端饰品的企业。
(6)	VS 沙宣	美康雅国际贸易有限公司	1954 年创立于英国，美发工具产业璀璨明星，美发产品及发型设计的引领者。
(7)	Tangle Teezer	易桥商贸实业有限公司	以精致设计著称，致力于美容产品及其他快速消费品的品牌拓展及产品经销的新型公司。
(8)	KENT（肯特）	上海全欧贸易有限公司	1777 年创建于英国，世界知名发梳品牌，全球较大的专业梳具制造商，以卓越的手工制梳技艺著称。
(9)	瑞孚	宁波瑞孚工业集团有限公司	中国发梳行业领先者，极具规模的美容美发工具制造商，涉及个人护理用品/美容美发工具/婴童用品等行业。
(10)	虞美人	常州市卓尚饰品有限公司	集产品研制/生产/运营代理于一体的大型企业，其产品具有较高信誉度和知名度，梳子十大品牌。

本数据来源：十大品牌网

这组数据可以说明，谭木匠作为木制品中的佼佼者，始终秉承“我善治木”的质量方针，从 1993 年开始，至今已经拥有 26 年的历史。

在这 20 多年时间里，谭木匠只做梳子，在行业内创造了一个又一个奇迹，足以说明谭木匠的专注。

据谭传华介绍，起名“谭木匠”，可费了谭传华一番周折。在创业初始，谭传华曾经起过“先生”“小姐”“三峡”等诸多企业名称，但是由于缺乏传播度，甚至有许多企业名称也叫“三峡”，其宣传效果非常有限。

经过慎重考虑，谭传华最终启用“谭木匠”。出乎谭传华意料的是，“谭木匠”这3个看似普通的汉字，却把木梳浓厚的乡土情结展现得淋漓尽致。

在中国本土文化中，“木匠”不仅是中国传统木工手艺人的称呼。所谓木匠，是指一种古老行业的从事者。

从事者通常以木头为材料，伸展绳墨，用笔画线，然后拿刨子刨平，再用量具测量，制作成各种各样的家具和工艺品。

木匠常用的工具如下，见表2-2-2。

表2-2-2 木匠常用的工具

排名	工具名称	作用
(1)	斧头	用以劈开木材,砍削平直木料。
(2)	刨子	更细致地刨平修饰木料表面。
(3)	凿子	用以凿孔与开槽。
(4)	锯子	用来开料和切断木料。
(5)	墨斗	用来弹线与校直屋柱等。
(6)	鲁班尺	丈量与校正角度等。
(7)	其他	其他

从上述介绍可以看到，木匠本身就拥有较为厚重的农耕文化，其乡土味浓厚，在“木匠”前冠以“谭”字，展现出沧桑厚实的历史感和家族荣誉感，甚至还包含着历史悠久“老字号”的厚重感。同时，檀木在中国民间是吉利的象征物，有避邪驱邪的功用，而“谭”与“檀”谐音，正好令人联想到吉利的檀木，不免心生喜爱。①

对于当下的中国企业家来说，如何做才能真正地让“工匠精神”从口号变成实际，不仅需要企业家的理性看待，同时还必须能够拒绝诱惑。

为此，国务院发展研究中心中小企业研究室研究员马淑萍在接受

①赵纯均《亚洲企业实践：中国西部MBA案例建设集萃（第一辑）》，机械工业出版社，2011年版。

《中国经济时报》采访时坦言：

实现“工匠精神”并传承下去还是应该从根本上做到以下几点：一是逐步建立有序的市场竞争机制。完善产业分工协作关系，加强产业间的合作。二是企业要建立以人为本的雇佣体制。如实施员工培养计划，为保证管理和技术传承，可以实施师徒制度，减少技工流动性。建立鼓励团队合作的考核办法等。最后，建立和谐发展社会，它是基础。①

在马淑萍看来，市场和培养是传承“工匠精神”的关键。然而，中国社会科学院工业经济研究所研究员周民良却认为如下三点必不可少：

首先要认真学习研究德国、日本的“工匠精神”究竟都体现在什么地方，为什么能够传承下来，为什么我们的一些“工匠精神”没有得到传承或者消失了，我们的社会究竟缺少什么？我认为，“工匠精神”无论对政治家、企业家、研究人员、街头摊贩，都是需要的。就是专业务实、不装样、不做假、不口是心非、不坑蒙拐骗，每一个人都可以在他的领域里追求“工匠精神”。

其次，创造好的条件让“工匠精神”得到发扬。学习德国和日本的“工匠精神”，既要学习企业风格、企业做派，也要借鉴德国与日本政策、法律、法规等国家规制。通过制度设定，以保障“工匠精神”运行。要建立相应的奖惩措施，形成企业自律和他律相结合的评判体系。对于违反“工匠精神”的企业行为，一定要有制衡性的举措。当然，建立制衡的社会制度，才能更好地满足全社会普遍的公共产品和公共服务需求。如果政府缺乏制衡，就会出现政府不像政府、政府官员自利性行为扩大、政府言而无信等现象，体现不出政府官员的工匠精神。

①范媛《寻找失传的“工匠精神”》，《中国经济时报》，2016年4月11日。

再次，弘扬"工匠精神"，需要自上而下的行动。中国共产党是一个富于创新精神和不断实现目标的政党，在建设和改革的不同时期都采取过一些为民谋利的重大举措。要按照习近平总书记的要求，顺应人民的要求，在从严治党的基础上从严治政，使执政党的执政理念在具体的行政行为上与广大民众的呼吁相一致。为此就需要积极落实包括十八届三中全会文件等重大路线与政策。比如，十八届三中全会提出实施房地产税制度，而日本用两年时间就实施了房地产税，我们许多年只喊口号不见落实。为何有些部门抵制十八届三中全会精神的落实？为何有些报纸还称房地产税为恶税？政府和媒体的"工匠精神"都在哪里？①

在周民良看来，众多百年老字号企业屹立至今，原因就是"工匠精神"。周民良的理由是："我认为，'工匠精神'应该是一个全社会普遍追求的精神，社会分工不同，但是信守职业追求和尽责服务社会应该是不变的社会追求。政府部门信守市场经济条件下政府的操守、企业家信奉市场经济条件下对企业家的要求，普通民众在各行各业尽心尽责地服务。如果全社会能够普遍信守'工匠精神'，这样的社会就会是一个蓬勃向上的、不断进取的、人尽其才的社会。所以，'工匠精神'的养成首先需要政府部门率先垂范、以身作则，为全社会树立起职业操守的表率。比如，在现代市场经济体制下，追求低通胀、高就业是各国政府共同信守的目标。泡沫经济不仅导致资源的错配、剥夺民众利益，与任何美丽辞藻堆积的发展观和发展模式都不兼容，也背弃了政府自身应该信守的'工匠精神'，导致全社会工匠精神的普遍沦落、下沉，甚至可能出现政府失信百姓、企业坑蒙用户、研究机构随意整治员工等普遍性的反'工匠精神'现象。我个人认为，如果行政部门追求短期利益、不计成本甚至把私人利益凌驾于公共利益之上，'工匠精神'也就是'浮生半日闲'的嘴上功夫，甚至就是一阵风而已。"②

①范媛《寻找失传的"工匠精神"》，《中国经济时报》，2016年4月11日。

②同上。

第三节　品牌策略更是独具匠心

对于任何一个企业来说，新颖的品牌标志都是较好传播的一个载体，尤其是 LOGO 作为一个品牌最重要的组成部分，不仅代表企业的形象，同时也是传播的介质。

当我们提及苹果公司时，消费者立即会联想到一个缺了一块的苹果；当我们提及全聚德，消费者肯定会想到那个店门口憨憨的可爱的鸭子；提及麦当劳，消费者想到一个大大的 M……

从这个角度来分析，LOGO 不仅是一种品牌传播的“视觉语言”，更是展示企业的文化和产品的理念。这就是为什么很多企业会花大力气设计 LOGO 或者更换 LOGO。

基于此，谭木匠作为中国木梳行业的领跑者，是非常重视企业形象识别系统的。为了更好地拓展木梳市场，谭木匠也开始了自己的换标之路。

01 更换 LOGO 和 VI 形象系统

2015 年年底，谭传华启用了新的谭木匠企业形象识别系统，这意味着新的谭木匠 LOGO 和 VI（视觉识别系统，Visual Identity，简称 VI）形

象系统正式亮相。

当我们研究谭木匠这个低调内敛、埋头做事的企业时陡然发现，谭传华更换沿用10多年的品牌标志和VI形象，更换新的LOGO和VI形象系统，其用意十分明显，见图2-3-1。

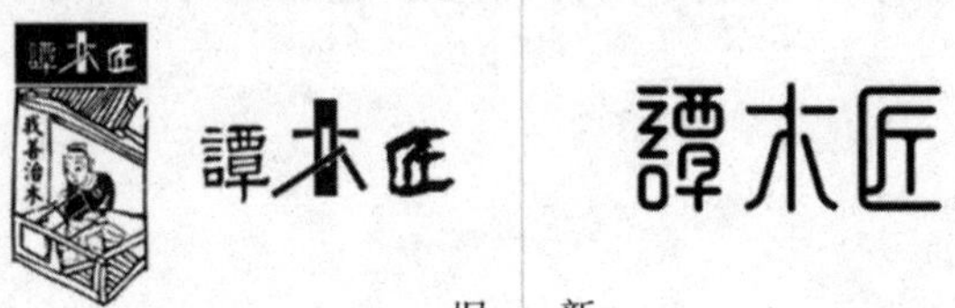

图2-3-1 谭木匠的旧、新LOGO和VI形象系统

当然，谭传华此次更换谭木匠的LOGO和VI形象系统并不是一时心血来潮。实际上，10多年以来，谭传华都一直在寻求谭木匠的视觉系统的改变和突破。为此，谭传华邀请国际顶级设计师为谭木匠设计新的LOGO和VI形象系统形象。

当香港著名设计大师李永铨把一套又一套设计方案交给谭传华时，慎重的谭传华经过反复多次选择，才决定启用新的LOGO和VI形象系统。

谭传华之所以选择李永铨来操刀谭木匠的新LOGO和VI形象系统，是因为李永铨的设计风格独特，其作品大胆，而且屡获大奖，获奖数竟然有500多个，甚至还曾为施华洛世奇、周生生、满记甜品、恒生银行、港龙航空、美心集团等知名企业设计品牌形象。

2014年，谭传华经过慎重选择，最终敲定与李永铨达成战略合作，由李永铨团队优化升级谭木匠的LOGO和VI形象系统。

此刻，李永铨已经功成名就。基于此，李永铨与企业合作时，也会有针对性地选择，甚至被业界视为非常挑剔的设计师，通常只与产品好、口碑好、具有品牌美誉度的企业合作。

与谭传华合作也是如此，李永铨通过实地考察和调研发现，谭木匠虽然是一个上市公司，但是谭木匠创始人谭传华却坚守专注，20 年如一日用心去打磨自己的产品，更为重要的是，谭木匠还解决了几百名残疾人的就业问题，让这些残疾人重新找到了实现自己人生价值的平台。谭传华的这点做法更像是一个非政府组织（Non-Governmental Organization，简称 NGO）的社会企业。

在李永铨看来，谭木匠已经是名副其实的中国木梳品牌的翘楚，不仅是一个解决残疾人就业的企业，而且还是一个致力于打造百年“工匠精神”的企业。

谭传华邀请李永铨进行新 LOGO 和 VI 形象系统设计，就是为了更加适应市场的变化。而正是这样的使命感，打动了李永铨，而谭木匠这样的企业，正是匠人至上推崇者的李永铨一直寻找的理想客户。

当《齐鲁晚报》以“与谭木匠最初的合作是从什么时候开始的，您对这个品牌有着怎样的认知？”为提纲采访李永铨时。李永铨坦言：“2014 年的时候，我就与谭木匠开始合作。我觉得这么一个在木梳行业领跑多年的品牌为了适应新的市场变化而重新设计标志，是很有勇气的，也是有远见的。我当时心里想，这不就是我多年一直寻找的理想客户吗？到谭木匠公司和生产工厂考察，令我非常震惊，如此精美、大批量生产的木梳竟然全部由人工一把把地做，而且对工艺非常讲究。所以，我对谭木匠的印象非常好，这就是用心做产品，拥有‘匠人精神’的企业。”

在中国企业中，换标已经成为中国企业品牌系统的一部分。为了更好地国际化，华为甚至不惜重金邀请国际著名的品牌设计公司为华为换标。2006 年 5 月初，华为宣布更换使用了 20 多年的华为标志，新标志是一个红色的花瓣，在保持原有标志蓬勃向上、积极进取的基础上，更体现了聚焦、创新、稳健、和谐的理念，这个大气简洁的标志体现了华为国际化的品牌气质。①

2006 年 5 月，使用了长达 20 多年之久的华为标志已经被新标志更换。当华为换标时，媒体解读为华为意在品牌国际化，见图 2-3-2。

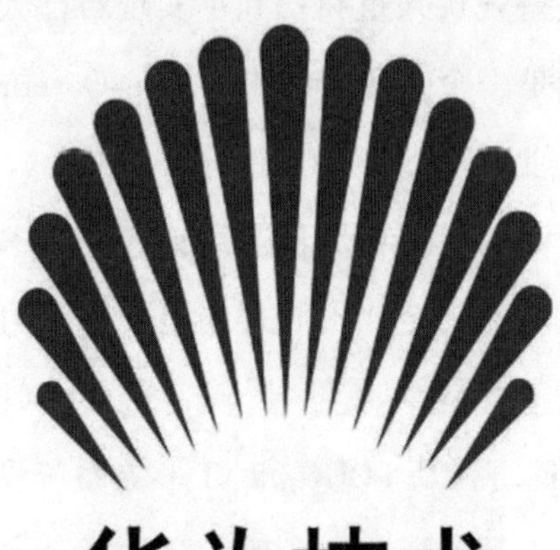

图 2-3-2 华为原标志

华为高层在接受媒体采访时坦言，换标主要是为了树立华为国际化公司的品牌新形象。在此次更换中，华为新的标志仍然以红色为主基色，增加了渐变的效果，见图 2-3-3。

据了解，2004 年 10 月，华为拥有的“华为”“HUAWEI”“华为标

图 2-3-3 华为新标志

①孙力科《任正非：管理的真相》，企业管理出版社，2014 年版。

志”3 件商标被中国国家工商行政管理总局商标局认定为“中国驰名商标”。根据有关国际公约和国内法律，经国家商标局认定的“驰名商标”，可以让包括中国在内的 170 多个巴黎公约成员国获得特别保护。

一位华为高层接受采访时坦言：“更换标志并不意味着华为整体战略的改变，仅是华为国际化的其中一步。”

公开数据显示，2005 年，华为的年销售额高达 59 亿美元，同比增长 40%。其中，华为海外收入占总销售收入的比重达到 58%左右，首次超过中国本土市场，也远高于 2004 年的 41%。

易观国际分析师崔小龙接受媒体采访时说道：“淡化中国本土色彩，在国际化为导向下重塑企业内部文化，是华为现阶段必须要做的。……华为需要为新 LOGO 注入更多的国际化内涵，目前华为已经初步成为国际化公司，正处于迈向跨国公司的阶段。”

在世界跨国公司中，为了更好地与自己的企业文化匹配，经常更换企业的标志，不管是巨头诺基亚，还是微软，不管是谷歌，还是优步，都在自己长大的路途中更换过标志。作为一家伟大公司的苹果自然也常常换标。

为了更好地适应市场，优步启动了换标战略。2016 年 2 月，优步总公司公布了新的公司商标以及 APP 图标。黑白相间的优步图标，变成了一个色彩鲜艳的几何图形。

在这次换标中，如果您是一名乘客，那么您看到的是圆形，如果您是一名司机，您看到的是六角形，里面都包含一个圆角矩形，见图 2-3-4。

乘客端APP新图标

司机端APP新图标

图 2-3-4　换标后的优步品牌标志

从图 2–3–4 可见，优步新商标不仅在图案上做了改变，甚至在字体上也做了改变，加粗了旧商标上较细窄的字体，见图 2–3–5。

UBER　UBER

旧　新

图 2–3–5 换标前后的优步字体变化

为了阻止其他企业插手优步的商标，优步还在注册 4 个与优步公司相关的商标，分别注册为第九、第三十八、第三十九、第四十二类，基本涵盖了打车软件应该具备的全部主要类别。

在之前，优步就在官方博客中宣布，优步将重塑品牌商标，并将对应用程序图标的颜色和图案变化做适当的改变。在详细说明中称，新 APP 图标的核心，是位于图标中间的小方块，见图 2–3–6。

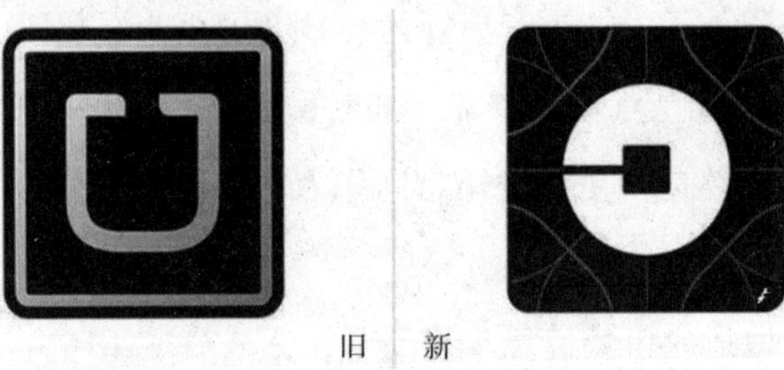

图 2–3–6 优步新旧图标变化

从图 2–3–6 可以看到，图案中的这个小方块在优步的 APP 及网站上继续沿用，将保持不变，只不过将小方块周围的背景和图形做出一些相应的改变，以此反映某个特定地区或设计的主题。

事实证明，很多公司都换过标。苹果公司也是如此，不仅换过标，而且还不止一次。公开资料显示，苹果自 1977 年创办以来，其徽标经历过巨大的变动。相比微软、雅虎和谷歌等公司以字体为主的公司徽标，苹果公司的图形化徽标显然更容易辨别出区别来。

02 更简约、更现代感的 LOGO 和 VI 形象系统

当李永铨了解了谭木匠后，开始着手对谭木匠的 LOGO 和 VI 形象系统进行设计。在李永铨看来，品牌的打造并不是单单设计一个 LOGO 就万事大吉那么简单。李永铨认为，一个成功企业的品牌首要的任务是清楚地知道受众群体。

只有清晰地知道哪些是自己的顾客群，才能稳稳地抓住他们的心。经过调研分析，李永铨团队认为，谭木匠原有的标志和 VI 过于平实，尤其是面对当下中国的消费市场，需要充满时尚感。

基于此，谭木匠一旦想要抓住年轻消费群体，其品牌背后的特性和高度就显得非常重要。在中国传统行业中，作为木匠企业的谭木匠，其品牌内涵和木梳文化正好展现了中国传统手工艺的精益求精和“匠人精神”。只不过需要为谭木匠赋予时尚和现代元素。一旦完成，占据中高端市场无疑指日可待，甚至可以大有作为。

李永铨在谭木匠新标的设计中，没有求新，而是进行细致的改进。李永铨介绍说：“谭木匠之前的 LOGO 非常朴实，但略显繁杂，我要做的是减法，让它更简约，更有现代感。任何长久的 LOGO 都是简单的，没有多余的东西，为此，我没有从电脑字库里去找字体，而是为‘谭木匠’这三个字重新创作了新的字体。我认为，这是谭木匠的专属字体，人性和感情元素更加突出，也更符合现代审美。”

从设计的角度来分析，李永铨认为，谭木匠换标，必然给谭木匠带来巨大的品牌价值。李永铨说道：“我之前做过调研，绝大部分做大众市场的梳子品牌，都是用超级廉价的包装，放在一起看上去都一个样，品牌辨识度很低。而走中高端路线的木梳包装又很浮夸，动不动就雕龙

刻凤。那么，谭木匠作为一个对品牌形象追求非常高的企业，就要在LOGO标志设计上赋予一种高度，升华品牌形象。新的LOGO和VI形象系统一出炉，整个品牌形象非常有现代感，也非常年轻化，而且有鲜明的识别度。以前山寨、仿冒谭木匠LOGO的非常多，现在要山寨就很难，因为一眼就会被识破。所以，未来，谭木匠的品牌形象一定会越来越年轻、时尚、现代。"

在李永铨看来，木梳产品本身就属于较为典型的传统产品，一旦在品牌形象上再赋予其超级传统的视觉，那就更无法吸引和留住新时代的年轻消费群体。

基于此，李永铨对LOGO"谭木匠"三个字进行了重新设计和创作，尽可能地让"谭木匠"三个汉字在视觉上凸显其魅力，做到简约而现代，同时又凝练了本身蕴含的中国文化元素。

李永铨介绍说："新LOGO的字体很人性化，传递的是一种情感心理，品牌辨识度更高。"在李永铨看来，作为换标后的谭木匠，不仅赋予更多年轻和现代的元素，同时也是对谭木匠品牌自身的一种升华，以及正向的价值传递。

李永铨的理由是："一个好的设计不是为了今天，而是为了20年，甚至50年以后。"李永铨在接触谭传华的过程中，了解到谭传华深谙其中的道理。

事实上，从新标设计的构思，到最后落地，谭传华较高的决策效率让李永铨记忆犹新："我把原有的，整理成系列的大量商标图片和包装样品让谭木匠高层、员工进行筛选取舍并说出原因，最后留下的图片样片自然就是他们比较认可的风格。然后，我再对他们认可的风格进行分析，反复沟通，最终确定设计方向。让我意外的是，原本以为谭木匠这种偏传统的企业在设计上比较保守，但其实他们的思维非常开放和包容，对自己的品牌形象有很高的要求，而且对最终方案的敲定，决策非常快。”

因此，李永铨在设计新 LOGO 和 VI 形象系统时，不断地在谭木匠品牌形象方面做了大胆的革新，立足于新的消费趋势，争取使谭木匠立于不败之地。当然，不只是李永铨，谭传华还整合了日本著名设计师高桥善丸、中国台湾地区知名设计团队“两个八月”等重磅设计资源，为谭木匠品牌注入了年轻、时尚的全新元素。

大量事实证明，正是在一次又一次的细微取舍、谨慎调整之间，谭木匠新 LOGO 和 VI 形象系统不仅完成了品牌价值的自身转化，也更加靠近年轻消费群体的审美需求，更为重要的是，焕然一新的 LOGO 和 VI 形象系统也为谭木匠开拓海外市场打下了坚实的基础。

第三章
特许经营

谭木匠对待加盟的态度，跟其他做加盟的公司基本上是相反的。我们每年发展多少加盟商，都是有指标的，有的时候是从 10 个里面选 1 个。

——谭木匠创始人 谭传华

第一节　谭木匠销售渠道的进化

在销售网络的搭建方面，谭传华在初始阶段经历了诸多的挫折。在谭木匠的官网上记载了这样一个案例：“在公司创业早期，谭木匠还没有专卖店，产品只能委托商场专柜进行销售。为了推销木梳，创始人谭传华跑遍全国，受尽了委屈。成都的一家商场一直不愿意接受谭木匠木梳，谭传华连续去了 6 次。商场经理发火了，态度非常不好。谭传华说：‘你不接受，我还会来 10 次、100 次，我坚信我的产品。’商场经理终于被他锲而不舍的精神打动了。不久，商场经理主动找到谭传华，说梳子很受欢迎，商场需要补货。”①

反观谭传华的创业史，自 1993 年开始，谭传华始终在尝试回答“梳子应该怎么卖”的问题，在解决该问题的过程中，谭木匠的销售渠道经历了沿街叫卖、商场渠道、直营店销售、直营店，以及加盟店共同发展等几个阶段。

①谭木匠官网《谭木匠的故事——七则故事》，http://www.ctans.com/ctans.asp? id=958。

01 从沿街叫卖进化到商场渠道

1993 年，当第一批木梳产品生产出来后，谭传华吩咐业务员挎着篮子在街头叫卖，销售效果不理想，销售了一整天，4 个业务员喊破了嗓子，却只卖掉了一把两元钱的梳子。为此，谭传华还特意将这两元钱展示出来，见图 3–1–1。

图 3–1–1 销售第一把木梳所得的两元钱

在谭传华的人生中，有 3 个两元钱的影响较大，为此，谭传华介绍说道：“第一个两元钱，给了我活下去的希望；第二个两元钱，是从深圳买了一把木梳，让我从此做了‘谭木匠’；第三个两元钱，是我做的木梳第一次卖了两元钱，虽然少，但实现了从产品到货币的转换，实现了零的突破。这 3 个两元钱组成了我的创业史，是我人生最重要的转折点。”

正是这 3 个“两元钱”，谭传华迈出他人生中重要的几步。当沿街叫卖的预期受阻后，谭传华又想到了其他拓展渠道——与国有大型商场开展合作。就这样谭传华开始了谭木匠的商场渠道销售阶段。

在与“三峡商城”的谈判中，当时的“三峡商城”经营者们都认为，梳子根本没有销路，不愿意代销谭传华的梳子。

经过多轮谈判，毫无进展，谭传华气得与“三峡商城”的一位负责人说道：“3 天卖不掉我的梳子，你就把它全部烧掉！”

在谭传华决不气馁的谈判下，“三峡商城”领导终于同意试试销售谭传华制作的木梳。

1993 年 9 月 14 日，谭传华精心地挑选了一些梳子就拿到“三峡商城”去销售了。

当几个服务员看到谭传华精心设计和制作的木梳后爱不释手，随即掏钱购买了 8 把木梳。

天无绝人之路，谭传华就这样卖掉了用黄杨木加工的梳子，其销售业绩异常好。正是因为有了这样一个较好的开局，“三峡商城”的领导同意与谭传华展开长期合作。在此阶段，谭传华通过与同行不一样的分销方式，赢得了机会。

在当时，一些木器制造商通常的做法，就是直接进入批发市场，其优势是最大化地减少销售成本，加快货款回收。

此种销售模式的弊端是，木器制造商由于弱化了销售渠道的话语权，其控制力相对不强，批发商户的竞争异常激烈，甚至为了争夺市场而互相杀价，导致整个价值链的上游利润相当薄弱。这就引发了价格战的进一步恶性循环——当利润过于低时，制造商为了降低成本，不得不在产品生产时，追求数量，甚至做出来的产品相对粗糙，完全无法承载一个品牌的塑造。

20 世纪 90 年代，商场渠道由于诸多条件的限制，基本没有木梳产品销售。究其原因，一些厂商认为，“进商场太麻烦，从费用上考虑也不合算”。

在这样的境遇下，谭传华以商场渠道为突破口，在当时很少有竞争对手。不过，对于谭传华来讲，自身的挑战是来自商场渠道自身的特性。

在当时，谭传华面对的几乎都是国有商场，其特征如下：

(1) 计划经济思维浓厚，店大欺客的现象严重，甚至对小型企业不屑一顾。一些较为知名的商场都是必须谈判很多次才答应代销，有的商场甚至要谈数十次，才能谈成功。

(2) 供应商必须接受较为苛刻的代销条件。基于此，生产企业的销售品种只能由商场经理自作主张地选择，压根就不考虑生产企业的销售建议。

(3) 产品往往在一个不起眼的角落里展示。由于当时的国情原因，商场的工作人员压根就不懂得陈列的重要，即使要陈列在重要的位置，也必须通过生产企业的市场人员逐步给柜组长做工作，甚至是给予好处才能换到稍好的位置。

(4) 商品质量过硬，而且不断地要求生产企业更新和丰富品种。

基于上述几种特性，谭传华凭借自己的艰苦开发、终端管理，打了一场漂亮的开局仗，销售较为理想，在前几年中，业绩稳中有升。

随着中国改革开放的深入，以及消费者需求的变化，商场自身的定位也遭遇发展瓶颈，商场的变化无疑影响生产企业，其中谭传华深有同感。

在接受媒体采访时，谭传华回忆道：

做梳子第一年，我们的收入是3200元，两年之后才开始盈亏平衡。

创立谭木匠的第一年，生意可以用惨淡来形容。我哥就对我说：“卖不掉就不要做了，回老家（开县）做吧，估计能卖给一些老太太。”我很倔，认了理一般不回头。我说不是这样，卖不掉不是市场不接受，是自己没有找到点，我们得做调整。

虽然多方努力，谭木匠的销售依然难有起色。这让我感到很纠结，难道自己的判断又错了？

有一次，我跟销售员一起出去推销梳子，竟然发现销售科长梳头用的是胶梳子！我的脸一下子就紫了，难怪卖不出去，自己都不喜欢我们的产品，这怎么行？销售科长给我解释真正销售的时候肯定会说木头梳子好的。我说："你知道语言有几种吗？一种是有声语言，还有一种肢体语言。你说假话时，声音还没到，对方已经感受到了。"

我把胶梳子拿回去认真研究，吸收它的优点来改进我们的木梳子，标准就是我们自己真正爱用。等到我们满意了，我就带着我的销售去找重庆最好的商场，用塑料袋提些梳子样品，拿着名片就进去找业务科长，15 分钟不到居然就谈成了。

后来，重庆、成都、武汉、西安一些地方的商场也都有了我们的梳子，商场算是打开了。但并没有开心多久我们就发现了问题，商场会有很长的账期，这让我们这样的小企业很难忍受，有些商场甚至欠款一年都不给。

1998 年，谭传华觉察到，商场渠道已经越来越难做，其原因如下：

第一，成本过于高昂。在谭木匠的专柜销售中，一个不到 15 平方米的经销处，最多一两个柜台大小的位置，大商场提出的要求是，保底销售 3 万元/月，扣点 30%，折合租金 9000 元，同时还必须承担商场分配的其他一些费用，如促销费、店庆费、赞助费、宣传费，等等。在成本过高的情况下，谭传华觉得，商场渠道的销售就已经很不划算了。

第二，专卖柜的经营活动时常遭遇商场的掣肘，往往较为被动。作为初创企业的谭木匠，其产品在当时知名度本来就很小，也拿不出过多的资金投入到广告中，在与商场谈判时时常无法占到主动，一些对销售

产生巨大影响的好条件都谈不下来。例如，谭传华很难争取到将谭木匠的木梳陈列到较好的位置。在当时，谭木匠的产品通常都被归属到小百货类或家居用品类，经常被摆在客流量小，大打折扣的高楼层。

第三，3 到 6 个月的账期，给生产企业资金链带来巨大压力。在当时，由于商场的体制僵化，经营大多不好，成千上万的国有商场都陷入巨额亏损当中。因此，由于谭木匠产品由商场代销，其货款屡遭拖欠，呆、坏账额度巨大，而且还是大面积的欠款。

可惜的是，合作的好景不长。由于商场经营不善，拖欠谭传华近 100 万元的货款。

第四，商场渠道并不是谭木匠独占，对货源的控制不严，导致假货、仿冒品充斥商场渠道。毋庸置疑，假货品质低劣、价格极低，都极大地损害了谭木匠的品牌形象。

02 拓展直营店销售

当商场渠道拖欠谭木匠巨额货款时，谭木匠的现金流无疑就出现了严重的问题。当渠道和资金遭遇困境时，大胆的谭传华决定开设直营店，自己构建渠道，自己销售。

1998 年，谭传华在重庆市万州开出第一家谭木匠梳子专卖店，开启了谭木匠独有的售卖方式。为此，谭传华亲自设计第一代店面。

为了让门店醒目，谭传华一开始就考虑醒目、实用、便于装修等诸多特点。为此，当时的第一代店面设计无疑就凸显太简单，系统性不足、内涵不够等问题，尤其是在选材上多用防火板等普通饰材，与其他店铺的差异性不是很大，谭木匠的个性也没有凸显出来——整体上的店铺形象未体现出谭木匠传统手工的特点。

与当时僵化的商场渠道相比，谭木匠的利润也要高了很多。当谭传华旗开得胜时，为了谭木匠的长远发展，谭传华已经着手研究能否多开些门店来销售梳子。

在谭传华的扩张过程中，始终坚守稳健战略。这就是当时谭传华仍没开加盟店的一个原因，因为即使在二线市场，其租金相对较低的情况下，自营店的一次性投入也需要几万元。

当谭传华成功融资 100 万元后，聘请了项目策划专家团。该专家团对谭传华提出开专卖店的想法并不看好，理由如下：

第一，开设梳子专卖店当时还没有过先例，没有现成的成功模式可以参考，甚至也没有失败的教训可供借鉴；

第二，由于梳子产品功能相对单一、属性简单，产品线的拓展空间不会很大，其品类无法支撑整个专卖店的销售；

第三，梳子产品销售必须凭借大量客流销售，单体专卖店人流相对较少，加上产品价格上不去，附加值不高等原因，专卖店的利润根本无法支撑高昂的开店经营成本。

针对专家团的 3 个否定意见，谭传华却认为：

第一，没有人做过的事情，并不意味不可以做，也不意味不能做成功；

第二，梳子产品尽管功能单一，但是可以通过提高工艺设计水平，赋予情感诉求，打开礼品市场，同时还可以梳子为拳头产品，围绕“木制品”开发衍生产品，开拓产品宽度，挖掘更多的利润源，如木镜、梳妆盒、木简、名片盒等；

第三，梳子产品价格上不去，这主要是一种“把梳子当作日用品”的固有消费观念，只要建立品牌形象，产品设计独到，工艺制作精良，做好售前售后服务，顾客会将谭木匠梳子当成礼品馈赠于人，自然可以接受更高的产品价格。

事实证明，谭木匠的高速发展，印证了谭木匠当时正确的战略布局。

03 开启特许加盟

经过一段时间的运营，谭木匠的经营步入正常轨道。让谭传华没有想到的是，自己创建的谭木匠在南充开启了“不一样的历程”。

1997 年，四川南充的一名商人觉察到谭木匠的渠道和销售模式，就与谭传华商量，提出做谭木匠的加盟店的想法，两人一拍即合。

1998 年春节刚过，该商人就考察了谭木匠工厂。经过一番沟通，谭传华最后同意让其尝试一下。谭传华提出，万一经营不下去，就让他把木梳退回来。

在谭传华看来，反正南充偏僻，对谭木匠的品牌推广影响不大。就这样，第一家谭木匠加盟店开张了——1998 年 3 月 7 日，谭木匠在四川省南充市青浩开出第一家加盟店。

谭传华在接受媒体采访时说道：

后来《商界》杂志报道了我们，叫《快乐的谭木匠》，被四川南充的卿浩看见，他找到我想加盟，说太太在家也没事，找个事情做。我心里没底，专卖店能活吗，亏了怎么办？

我认真和卿浩商讨了加盟细节。当时谈好的结果是：不收加盟费，如果卿浩的专卖店亏了可以退货，但亏的钱我不补偿，我们请律师写了个加盟合同，很简单，装修费用他管，进货先打款。摸索着开始了加盟的尝试，一步步发展居然很顺利，到 2000 年就从商场里全部撤出了我们的梳子。

出乎谭传华意料，南充店的开局不错，开店几个月，就取得不错的效益。1998 年，湖北襄樊、湖南常德、山西临汾等地大胆的加盟者相继在当地尝试性开店。

此时，谭传华正在发愁如何收回商场越来越多的应收账款，不时还看到部分商场破产，抵回一些旧货，甚至还有旧家电，这让谭传华警觉起来。

在 1998 年年终总结会上，谭传华决定："调整经营模式，逐步退出商场，开始发展加盟店。"

2003 年，遭受"非典"的影响，谭传华的开店扩张态势暂时停顿。基于此，谭传华还特意邀请咨询公司，分析谭木匠当时的经营现状。咨询公司得出的结论是，谭木匠应该把重心放在生产环节，放弃对销售环节的控制，这样有利于谭木匠更好地规避风险。不仅如此，谭传华还采纳了咨询公司的建议，将精力集中在设计研发和加强对加盟商管理的环节，并逐步引入对全国专卖店的物流、资金流管理的信息化管理。①

①赵纯均《亚洲企业实践：中国西部 MBA 案例建设集萃（第一辑）》，机械工业出版社，2011 年版。

第二节　精选加盟商

在谭木匠的特许经营体系中，谭传华严控加盟商的质量。在选择加盟商时，谭传华始终坚持自己的加盟流程。

据最新统计，2016年，谭木匠在中国大陆的加盟店数量为1281家。这是谭木匠严加控制的结果。我们以2004年举例来说，谭木匠收到了700多份加盟申请，但是最后仅通过了48家；2005年，谭木匠收到了1000多份加盟申请，开业者仅有93家。①

在谭传华看来，这是维护谭木匠连锁品牌形象的首要控制系统。事实证明，严格控制加盟商，不至于因盲目扩张致使品牌管理失控，或许这才是谭木匠能够健康活到今天的原因。

01 加盟谭木匠的程序

谭传华在接受媒体采访时多次说道：“如果随意扩张，就不叫谭木匠了！”对此，在选择加盟商时，谭传华把加盟商的选择看得尤为重要。在这个过程中，申请人首先要将加盟申请相关资料递交给所属片区（全

①张哲诚，聂万翔，陈小林，石磊《谭木匠:小木梳下“文化根”》，《东方企业家》，2006年第6期，第40—43页。

国分五大片区），片区经理根据申请者的经历，经商经验，以及对谭木匠的认识等各方面进行初步审核。

当初审通过后，片区经理和督导会约申请人在某地面谈。公开资料显示，谭木匠非常重视约谈环节。究其原因，面谈是一个非常关键的环节，可借此了解申请加盟者的人品、性情、心态，以及真实的想法。这是谭木匠与其他连锁店不一样的地方，也是谭木匠在选择加盟商时最为注重的地方。谭木匠这样做，就是要杜绝浮躁的人加盟谭木匠。

虽然经过重重审核和考察，也有走眼的时候。谭传华坦言："但肯定还会有看走眼的时候。"谭传华举例说，公司以前有一个加盟商，非常有才气。在加盟谭木匠后，该店的赢利也较好，就是个性太张扬，屡屡不遵守谭木匠公司的规矩，擅自做一些所谓的"创新"。如对产品进行重新组合，腾出空间附带销售其他产品。

该加盟商此举，给顾客造成缺乏完整连锁体系的错觉，致使品牌形象打了折扣。对于必须保持形象高度一致性的谭木匠来说，这是绝对不被允许的事情。随后，谭传华取消了这位加盟商的加盟资格。

时任谭木匠副总经理谭小川在接受媒体采访时介绍："公司对每个提出申请的加盟商都会告知：第一，加盟谭木匠还是有风险的；第二，做谭木匠不能发大财，如果想发大财，就不要做谭木匠；第三，谭木匠接受你们加盟，就等于谭木匠把女儿嫁给了你，所以你一定要善待她。"

因此，为了更好地把好加盟关，谭传华表示，谭木匠每年的加盟连锁合同都不一样，最早的加盟合同只有几张纸，而现在"一本比一本厚"。

根据谭木匠官网显示，加盟谭木匠的程序如下，见图 3-2-1。

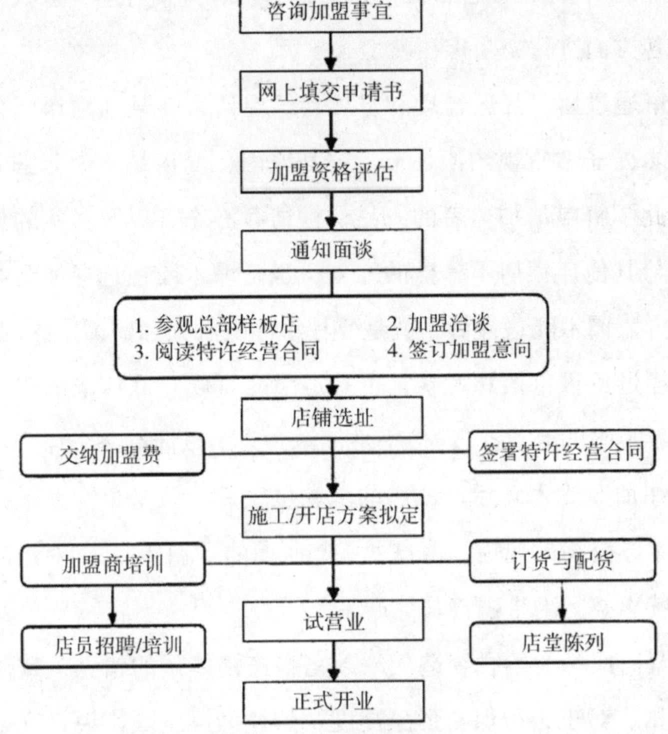

图 3-2-1　加盟谭木匠的程序

根据加盟程序显示，在洽谈加盟事宜时，谭传华把这个分为三个部分：加盟规划、加盟简介、销售网络，见图 3-2-2。

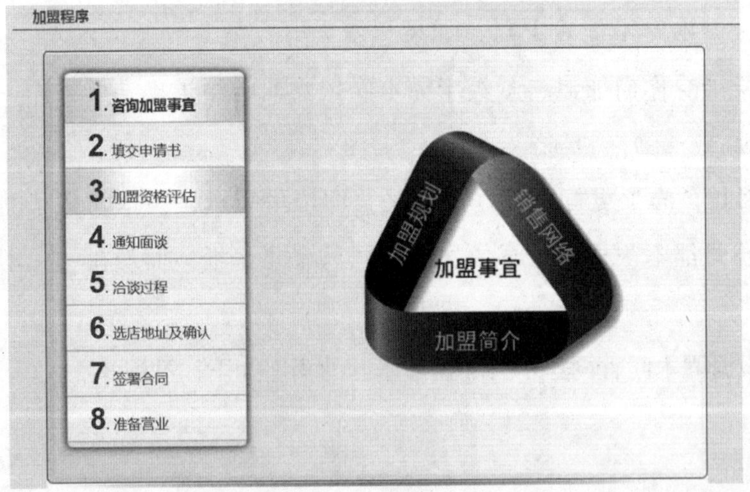

图 3-2-2　洽谈加盟事宜的三个部分

根据图 3-2-2 所示，在咨询加盟事宜阶段，谭木匠官网在“常见问题”一项中是这样介绍的，见图 3-2-3。

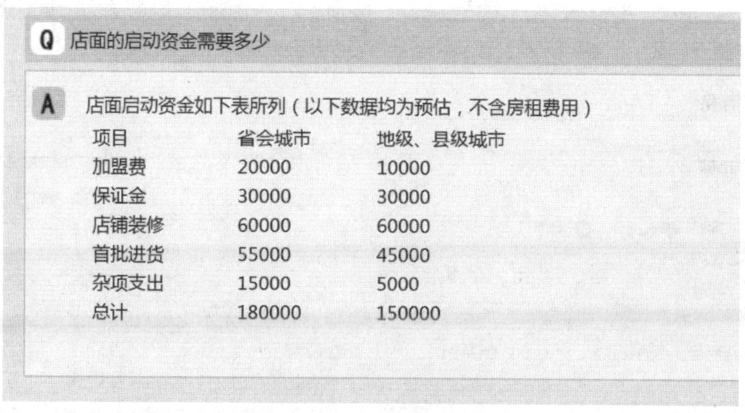
Q 店面的启动资金需要多少

A 店面启动资金如下表所列（以下数据均为预估，不含房租费用）

项目	省会城市	地级、县级城市
加盟费	20000	10000
保证金	30000	30000
店铺装修	60000	60000
首批进货	55000	45000
杂项支出	15000	5000
总计	180000	150000

图 3-2-3　资金数据

当申请人有意想加盟谭木匠连锁店时，首先，谭木匠要求申请人填写加盟申请资料，然后递交给所属片区（全国市场被分为华北、华中、华东、华南和西部五大片区），片区经理根据申请者的经历，经商经验，以及对谭木匠的认识等各方面进行初步审核。特许加盟店申请表，具体如下：

谭木匠特许加盟店申请表

若贵方诚意加盟谭木匠特许经营，请如实填写此份申请表，我们将在 3 个工作日之内给您回复。若发现申请人有欺瞒行为，将取消申请资格。贵方填写的内容和提供的资料，我方将绝对保密（申请材料一律恕不退还）。（★处为必填项目）

加盟申请

若贵方诚意加盟谭木匠特许经营，请如实填写此份申请书，我们将在3个工作日之内给您回复。若发现申请人有欺瞒行为，将取消申请资格。贵方填写的内容和提供的资料，我方将绝对保密（申请材料一律恕不退还）。(*处为必填项目)

基本情况

*法人/申请人

*称呼 ● 先生 ○ 女士

*年龄

*申请地点 请选择省份 请选择城市 请选择区县

*手机

*邮箱

*申请主因

*计划投资 您对加盟店计划投资多少钱 万元

就职经历

经历1

工作单位

在职时间 -

职位

经历2

自营项目

项目时间 -

地址 请选择省份 请选择城市 请选择区县

输入详细地址……

续表

附加留言

留言	如果加盟成功，请您谈谈您经营谭木匠专卖店的优势，或者发展计划。

提交申请

其后，谭木匠开始对意向合作者进行“加盟资格评估”，当申请人初审通过后，片区经理和督导通知意向申请人面谈。

在该过程中，谭木匠会邀请意向合作者参观总部样板店、加盟洽谈具体细节、阅读特许经营合同，以及签订加盟意向书，其流程见图 3-2-4。

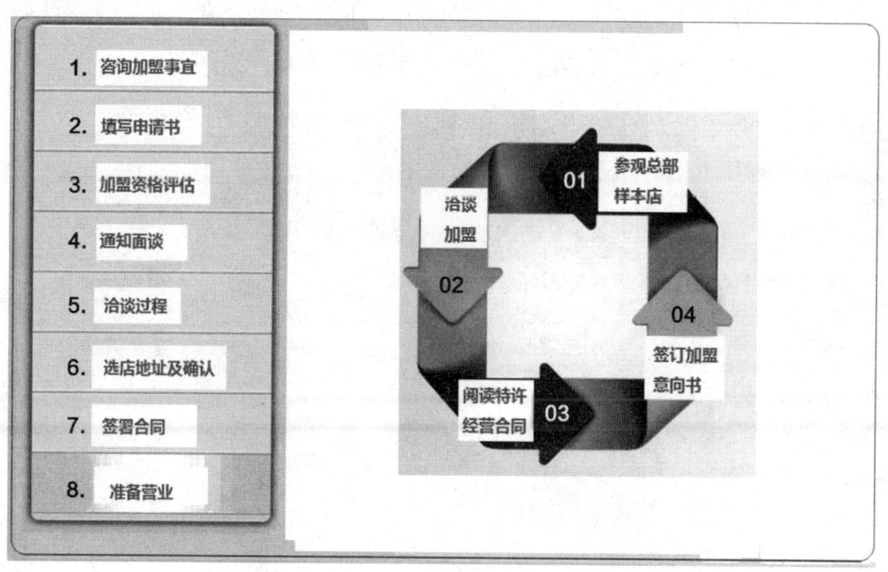

图 3-2-4 洽谈过程的四个部分

最后，选择加盟商。谭传华说道：“谭木匠对待加盟的态度，跟其他做加盟的公司基本上是相反的。我们每年发展多少加盟商，都是有指标的，有的时候是从 10 个里面选 1 个。”

在给申请者做演示时，其他连锁企业通常都会把做得最好的店铺作为范本来讲解。然而，谭木匠的做法却截然相反，面对想加盟谭木匠的申请者，谭传华始终把那些经营得相对较差的门店作为讲解案例。

在谭木匠的加盟标准中，谭传华坚守按照谭木匠的另类筛选，成为加盟商的，年龄往往集中在 30~40 岁，对经营加盟店有较清醒认识的申请者。

但凡加盟谭木匠的申请者，其加盟费都是统一的，中心城市 2 万元，地级城市 1 万元。这笔加盟费是经过谭传华慎重考虑过的。

在正式签署加盟合同时，谭木匠要求意向合作者缴纳加盟费，以及签署特许加盟合同。

当签订特许加盟合同后，加盟合作者就着手准备开业了。在此阶段，谭木匠开始对加盟合作者进行有关的培训和装修等，见图 3-2-5。

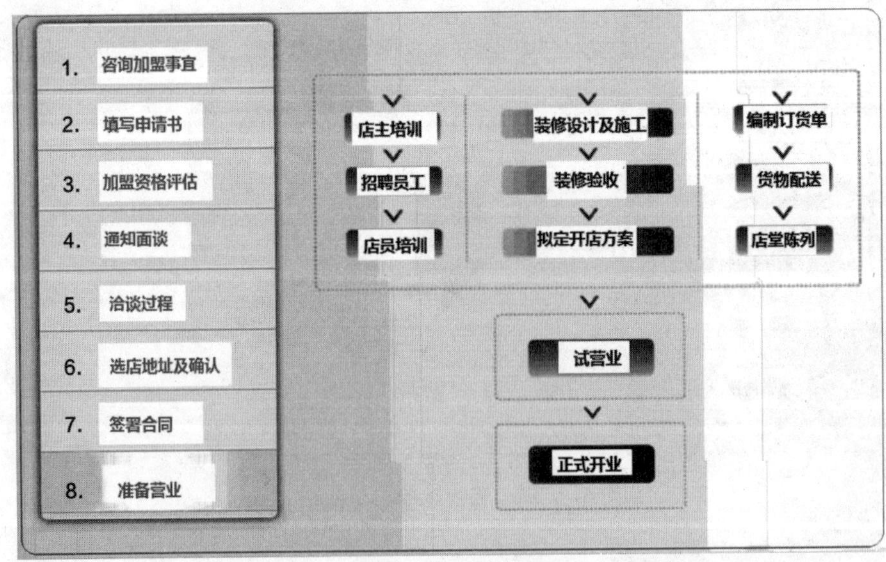

图 3-2-5 准备营业

02 对加盟商的监督

在特许经营过程中，谭木匠拥有一整套规范的管理体系。尽管如此，谭传华并没有放松对加盟店的管理。当然，想让分布于各地的1000多家专卖店体现出高度一致的服务精神和品牌信仰，必须持续地投入和用心维护，否则极有可能因为惰性而倒闭。

谭传华在接受媒体采访时说道：

对加盟商的管控绝非易事。早期，我们的监控体系主要有：请神秘客户去巡查，公司片区经理现场检查，设置800个公开投诉电话。但问题依然很多，有些加盟商急功近利，价格想涨就涨，想跌就跌，甚至还想在店里卖其他厂商的产品。我们的对策就是罚款，不听劝就直接关掉，取消加盟资格。不断地清理和加强管控，为所有的加盟商提供POS机系统，实现全国联网。

为此，谭传华在全国每个片区设置2~3个督导员。每个月，督导员和片区经理都会到辖区所有的门店进行现场考察和督导。

谭传华介绍说："加盟连锁体系是一个大的家庭共同体，其中任何个体做了让公司形象掉价的事情，都会影响到所有的加盟商，影响到顾客对你的整体印象。"

在谭传华看来，只有让每个加盟商都表现出诚实守信的契约精神，才能维护住谭木匠品牌的整体凝聚力和号召力，谭木匠这个品牌才不至于被稀释。正因为如此，2013年、2014年、2015年、2016年谭木匠持续上榜中国特许连锁100强。

2016年6月，中国连锁经营协会（CCFA）组织的“2015特许连锁行业发展状况调查”结果出炉，其后正式发布2015年中国特许连锁100强，见表3-2-1。

表3-2-1 2015年中国特许连锁100强排名

序号	行业	企业名称	品牌	销售额（万元）	门店总数（个）	加盟店数（个）
1	超市	上海联华超市股份有限公司	联华、华联	6047365	3912	1330
2	超市	苏果超市有限公司	苏果	3080000	2086	639
3	超市	世纪华联超市连锁(江苏)有限公司	世纪华联	1342010	3465	3255
4	便利店	东莞市糖酒集团美宜佳便利店有限公司	美宜佳	832506	7400	7362
5	便利店	上海福满家便利有限公司	全家	494000	1501	1032
6	便利店	浙江人本超市有限公司	十足,之上	491197	1771	176
7	便利店	山西省太原唐久超市有限公司	唐久	382000	1390	1314
8	便利店	河北叁陆伍网络科技集团	国大365	250000	1200	1097
9	便利店	上海联华快客便利店有限公司	快客	245000	1650	800
10	便利店	广东天福连锁商业集团有限公司	天福	222704	2830	2819
11	便利店	罗森(中国)投资有限公司	LAWSON	130000	652	277
12	便利店	山西金虎便利连锁股份有限公司	金虎	100641	908	726
13	便利店	厦门见福连锁管理有限公司	FOOK	65000	550	350
14	食品零售	北大荒营销股份有限公司	北大荒绿野	712715	1138	1128
15	食品零售	湖北良品铺子食品有限公司	良品铺子	416408	1832	713
16	食品零售	上海来伊份股份有限公司	来伊份	364999	2274	156
17	食品零售	绝味食品股份有限公司	绝味	333849	7171	7044
18	食品零售	中国茶叶有限公司	中茶	145871	481	423
19	食品零售	广州市富隆酒窖酒业有限公司	富隆	39966	221	178
20	食品零售	厦门山国饮艺茶业有限公司	山国饮艺	35364	606	599
21	食品零售	上海摩提工房食品有限公司	摩提工房	33928	1008	758
22	食品零售	南京桂花鸭(集团)有限公司	桂花鸭	33431	350	345
23	食品零售	北京百花蜂业科技发展股份公司	百花	22300	485	397
24	食品零售	爱蒂宝(北京)食品有限公司	爱蒂宝	6300	29	26
25	非食品零售	中国黄金集团黄金珠宝有限公司	中国黄金	4330000	1785	1705
26	非食品零售	北京迪信通商贸股份有限公司	迪信通	1860596	1605	674
27	非食品零售	上海晨光文具股份有限公司	M & G	631053	5445	5345
28	非食品零售	广东葆扬投资管理有限公司	名创优品	515310	1479	693
29	非食品零售	广州尚品宅配家居股份有限公司	尚品宅配	359537	1073	994
30	非食品零售	吉峰农机连锁股份有限公司★	吉峰	335996	1439	1225
31	非食品零售	重庆谭木匠工艺品有限公司★	谭木匠	276062	1384	1379
32	非食品零售	安徽徽商农家福有限公司	农家福	255565	1531	1421
33	非食品零售	特百惠(中国)有限公司	特百惠	190000	5400	5291
34	非食品零售	北京明弘科贸有限责任公司	植物医生 DRPLANT	122025	1980	1890
35	非食品零售	琪雅集团有限公司	琪雅	70070	5185	5162
36	非食品零售	深圳唯美度生物科技有限公司	唯美度	57000	4805	4800
37	中式正餐	中国全聚德(集团)股份有限公司	全聚德	329824	103	73
38	中式正餐	陕西阿瓦山寨品牌投资有限公司	阿瓦山寨	158923	225	220

（续表）

序号	行业	企业名称	品牌	销售额（万元）	门店总数（个）	加盟店数（个）
39	中式正餐	湖南韶山毛家饭店发展有限公司	毛家饭店	135000	246	238
40	中式正餐	江西毛家湾餐饮连锁发展有限公司	毛家湾	125360	83	76
41	中式正餐	长沙五十七度湘餐饮管理有限公司	57℃湘	88868	198	157
42	中式正餐	北京便宜坊烤鸭集团有限公司	便宜坊、都一处、天兴居	62561	56	28
43	中式快餐	永和大王餐饮集团	永和大王	176537	303	27
44	中式快餐	上海世好餐饮管理有限公司	吉祥	118709	2729	2407
45	中式快餐	北京庆丰包子铺	庆丰	113000	340	276
46	中式快餐	四平李连贵饮食服务股份有限公司	李连贵	67656	286	268
47	中式快餐	北京嘉和一品企业管理有限公司	嘉和一品	27405	117	62
48	中式快餐	马兰拉面快餐连锁有限责任公司	马兰拉面	24922	100	35
49	火锅	内蒙古小尾羊餐饮连锁股份有限公司	小尾羊	351712	280	253
50	火锅	北京黄记煌餐饮管理有限责任公司	黄记煌	350022	609	71
51	火锅	重庆朝天门餐饮控股集团有限公司	朝天门	308133	540	489
52	火锅	浙江凯旋门澳门豆捞控股集团有限公司	澳门豆捞	304308	343	97
53	火锅	重庆德庄实业（集团）有限公司	德庄	258016	525	491
54	火锅	北京东来顺集团有限责任公司	东来顺	131200	153	130
55	火锅	重庆佳永小天鹅餐饮有限公司	小天鹅	105845	326	258
56	西式快餐	百胜餐饮集团　中国事业部	肯德基	5170000	5000	400
57	西式快餐	天津顶巧餐饮服务咨询有限公司	德克士	1030000	2355	2094
58	西式快餐	汉堡王（上海）餐饮有限公司	汉堡王	156564	491	106
59	西式快餐	北京比格餐饮管理有限责任公司	比格比萨	69348	150	106
60	西式快餐	上海棒约翰餐饮管理有限公司	Papa john's	47375	175	66
61	休闲饮品	迪欧餐饮管理有限公司	迪欧	138197	636	609
62	休闲饮品	沈阳碰碰凉连锁企业管理有限公司	碰碰凉	80730	775	720
63	休闲饮品	上海平之宴餐饮有限公司	上岛及图	77000	1336	1271
64	休闲饮品	上海快乐柠檬餐饮管理有限公司	快乐柠檬 happy lemon	51165	568	482
65	休闲饮品	迪孚时代（北京）国际商业连锁有限公司	DF 冰淇淋	20000	524	519
66	休闲饮品	厦门音乐厨房餐饮有限公司	音乐厨房	10440	65	27
67	经济型酒店	上海如家酒店管理有限公司	如家	2463783	2922	1993
68	经济型酒店	七天四季酒店（广州）有限公司	7 天酒店	980000	2400	2000
69	经济型酒店	上海锦江都城酒店管理有限公司	锦江之星	677249	1306	998
70	经济型酒店	华住酒店集团	华住酒店集团	611085	2763	2147
71	经济型酒店	格林豪泰酒店（中国）有限公司★	格林豪泰	430000	1340	1280
72	经济型酒店	速伯艾特（北京）国际酒店管理有限公司	速 8 酒店	321182	882	869
73	教育培训	北京新东方教育科技（集团）有限公司	优能教育	350000	650	NA
74	教育培训	北京红黄蓝儿童教育科技发展有限公司	红黄蓝亲子园红黄蓝幼儿园	260888	1361	1245
75	教育培训	北京阿博泰克北大青鸟信息技术有限公司	北大青鸟	203300	175	173
76	教育培训	北京市东方爱婴咨询有限公司	东方爱婴	47906	615	603
77	洗衣护理	北京福奈特洗衣服务有限公司	FORNET 福奈特	78000	1268	1114
78	洗衣护理	北京翰皇伟业皮革清洁养护连锁服务有限公司	翰皇	58738	2932	2910
79	洗衣护理	四川布兰奇洗业有限公司	布兰奇 BONNYCH	52816	1175	1169
80	洗衣护理	北京伊尔萨洗染有限公司	伊尔萨	37100	716	575
81	洗衣护理	上海象王洗衣有限公司	象王	23200	580	554
82	房屋中介＆装修	北京埃菲特国际特许经营咨询服务有限公司	CENTURY21	125036	880	816
83	房屋中介＆装修	东易日盛家居装饰集团股份有限公司	东易日盛	230030	225	98
84	房屋中介＆装修	北京业之峰诺华装饰股份有限公司	业之峰	140300	277	150
85	房屋中介＆装修	北京元洲装饰有限责任公司	元洲装饰	129800	252	174

（续表）

序号	行业	企业名称	品牌	销售额（万元）	门店总数（个）	加盟店数（个）
86	汽车后市场	驰加(上海)汽车用品贸易有限公司	驰加 Tyreplus	529607	1311	1304
87	汽车后市场	博世汽车技术服务(北京)有限公司	博世	93000	155	153
88	汽车后市场	广州华胜企业管理服务有限公司	华胜	90000	108	NA
89	汽车后市场	杭州小拇指汽车维修科技股份有限公司	小拇指 suremoov	68880	680	674
90	汽车后市场	福州车友网络科技有限公司	273 二手车交易网	62891	925	907
91	美容休闲健身	南京足生堂企业管理有限公司	足生堂	211491	634	625
92	美容休闲健身	青岛英派斯健康管理有限公司	英派斯健身	27000	220	212
93	美容休闲健身	青岛植秀堂养生养颜连锁有限公司	植秀堂	21281	246	239
94	美容休闲健身	长沙盘子教育咨询有限公司	盘子女人坊	19912	321	300
95	美容休闲健身	上海汉甲美甲艺术有限公司	妮欧甲艺	11520	604	600
96	家政服务	北京华夏中青家政服务有限公司	华夏中青	16425	365	338
97	家政服务	上海爱君家庭服务有限公司	爱君	12889	524	484
98	家政服务	大连好月嫂家庭服务有限公司	好月嫂	10192	208	203
99	商务服务	北京亿邦联合广告有限公司	亿邦	122911	1346	1346
100	商务服务	北京特卫保安服务有限公司	特卫	12000	15	NA

在“2015 年中国特许连锁 100 强”榜上，作为木梳领导品牌的谭木匠顺利入榜，排名第三十一名。数据显示，谭木匠 2013 年以来一直入榜中国特许连锁 100 强榜单。

2017 年 6 月 6 日，中国连锁经营协会发布 2016 中国特许连锁百强名单，谭木匠排名第五十五名，见表 3-2-2。

表 3-2-2 2016 年中国特许连锁 100 强

排序	企业名称	2016 销售额（万元）	销售增长率（%）	2016 门店总数
1	苏宁云商集团股份有限公司	17350000	9.4%	1510
2	国美电器有限公司	16469254	7.2%	1628
3	华润万家有限公司	10349462	-5.4%	3224
4	康成投资(中国)有限公司(大润发)	9329000	4.0%	368
5	沃尔玛(中国)投资有限公司	7669751	4.3%	439
6	山东省商业集团有限公司	6338857	-0.5%	755
7	联华超市股份有限公司	5978485	-1.1%	3648
8	重庆商社(集团)有限公司	5611359	-5.6%	324
9	百胜中国	5445000	5.3%	7500
10	永辉超市股份有限公司	5440757	10.3%	487
11	家乐福中国	5047523	25.9%	319
12	长春欧亚集团股份有限公司	3908359	8.0%	119
13	武汉武商集团股份有限公司	3555274	2.7%	89
14	中石化易捷销售有限公司	3510000	41.0%	25000
15	大商股份有限公司	3286000	-8.9%	167
16	步步高集团	3214532	3.6%	590

（续表）

排序	企业名称	2016 销售额（万元）	销售增长率（%）	2016 门店总数
17	宏图三胞高科技术有限公司	3213299	0.3%	575
18	中百控股集团股份有限公司	3151829	-10.0%	1026
19	北京物美商业集团股份有限公司	2990307	13.9%	566
20	农工商超市(集团)有限公司	2765593	-3.0%	2317
21	王府井集团股份有限公司	2759062	0.1%	52
22	石家庄北国人百集团有限责任	2583000	3.3%	63
23	天虹商场股份有限公司	2515060	2.3%	228
24	烟台振华集团	2388000	-1.9%	127
25	家家悦控股集团股份有限公司	2382499	3.7%	644
26	麦当劳(中国)有限公司	2100000	5.0%	2400
27	郑州丹尼斯百货有限公司	2080000	15.6%	411
28	文峰大世界连锁发展股份有限公司	2069584	-3.9%	817
29	银泰商业(集团)有限公司	1973234	5.8%	49
30	锦江麦德龙现购自运有限公司	1930000	1.0%	87
31	屈臣氏中国	1852980	2.3%	2929
32	欧尚(中国)投资有限公司	1806748	-0.4%	78
33	利群集团股份有限公司	1804105	-4.0%	82
34	北京迪信通商贸股份有限公司	1778361	-4.4%	1688
35	山东潍坊百货集团股份有限公司	1712000	2.4%	688
36	金鹰国际商贸集团(中国)有限公司	1701868	-1.2%	31
37	百盛商业集团有限公司	1659850	-8.3%	53
38	乐语通讯	1586280	0.6%	2011
39	兴隆大家庭商业集团	1584510	0.2%	39
40	茂业国际控股有限公司	1527704	42.6%	66
41	宜家(中国)投资有限公司	1514095	15.8%	21
42	合肥百货大楼集团股份有限公司	1513000	-1.2%	183
43	江苏五星电器有限公司	1504245	4.1%	341
44	新华都购物广场股份有限公司	1480678	3.4%	149
45	北京京客隆商业集团股份有限公司	1473348	3.8%	248
46	中国石油销售公司(昆仑好客)	1450000	16.0%	17000
47	北京华联综合超市股份有限公司	1445900	-7.9%	169
48	武汉中商集团股份有限公司	1413501	-3.7%	45
49	北京菜市口百货股份有限公司	1348022	0.1%	22
50	江苏华地国际控股集团有限公司	1323342	2.7%	71
51	卜蜂莲花	1300000	-3.7%	82
52	北京首商集团股份有限公司	1192391	-5.4%	17
53	成都红旗连锁股份有限公司	1160992	14.1%	2704
54	新世界百货投资(中国)集团有限公司	1150000	-10.2%	42
55	供销大集集团股份有限公司	1145472	2.8%	247
56	永旺(中国)投资有限公司	1117145	4.9%	56
57	人人乐连锁商业集团股份有限公司	1046338	-11.3%	121
58	广州市广百股份有限公司	1010349	-8.2%	25
59	东莞市糖酒集团美宜佳便利店有限公司	941600	13.1%	9300
60	安徽商之都股份有限公司	914756	-10.7%	82
61	济南华联商厦集团股份有限公司	879764	4.8%	69
62	山东新星集团有限公司	839410	-5.0%	548
63	信誉楼百货集团有限公司	804762	11.5%	26

（续表）

排序	企业名称	2016 销售额（万元）	销售增长率（%）	2016 门店总数
64	山西美特好连锁超市股份有限公司	755528	5.3%	117
65	南京中央商场(集团)股份有限公司	752340	-3.2%	12
66	大参林医药集团股份有限公司	726497	20.1%	2409
67	山东全福元商业集团有限责任公司	700365	7.5%	222
68	湖南友谊阿波罗股份有限公司	674629	-1.6%	15
69	中国全家 FamilyMart	657500	26.5%	1810
70	河北叁陆伍网络科技集团有限公司	640000	11.3%	1300
71	阜阳华联集团股份有限公司	616849	1.5%	787
72	家乐园商贸股份有限公司	607444	10.1%	50
73	青岛利客来集团股份有限公司	606000	2.3%	43
74	湖北良品铺子食品有限公司	600000	30.4%	2050
75	伊藤洋华堂(中国)	600000	-7.7%	8
76	北京翠微大厦股份有限公司	598058	-6.3%	7
77	北京华冠商业科技发展有限公司	588509	5.8%	64
78	维客集团股份有限公司	581618	3.8%	13
79	广东嘉荣超市有限公司	573304	6.6%	96
80	邯郸市阳光百货集团总公司	530086	-7.5%	115
81	孩子王儿童用品股份有限公司	521013	60.2%	174
82	雄风集团有限公司	520619	10.5%	106
83	浙江人本超市有限公司	506682	2.1%	2002
84	湖南佳惠百货有限责任公司	506070	3.1%	83
85	百安居(中国)投资有限公司	475904	14.6%	38
86	三江购物俱乐部股份有限公司	447443	-6.0%	158
87	长沙通程控股股份有限公司	446357	-9.8%	80
88	北京超市发连锁股份有限公司	445000	2.0%	152
89	十堰市新合作超市有限公司	424700	5.6%	363
90	江苏新合作常客隆连锁超市有限公司	415000	2.4%	1013
91	深圳百果园实业发展有限公司	412082	26.9%	1711
92	太原唐久超市有限公司	390588	2.2%	1420
93	上海来伊份股份有限公司	378711	3.5%	2262
94	河南大张实业有限公司	360000	2.9%	56
95	湖北黄商集团股份有限公司	335719	1.5%	129
96	中国全聚德(集团)股份有限公司	330761	0.3%	105
97	河北惠友商业连锁有限公司	326192	2.0%	62
98	话机世界通信集团股份有限公司	322272	-5.3%	372
99	百佳超市(中国)	321086	-17.3%	54
100	广州友谊集团有限公司	313942	-3.8%	4

可能读者会问，谭木匠为什么可以取得如此好的业绩呢？答案就是有效地对加盟商进行监督和管理。

在这里，我们以 2015 年来剖析谭木匠的店铺经营。2015 年，谭木匠的销售额为 27.6062 亿元。相比 2014 年的 29.8262 亿元的销售额，谭木匠销售额呈下降的趋势，见图 3-2-6。

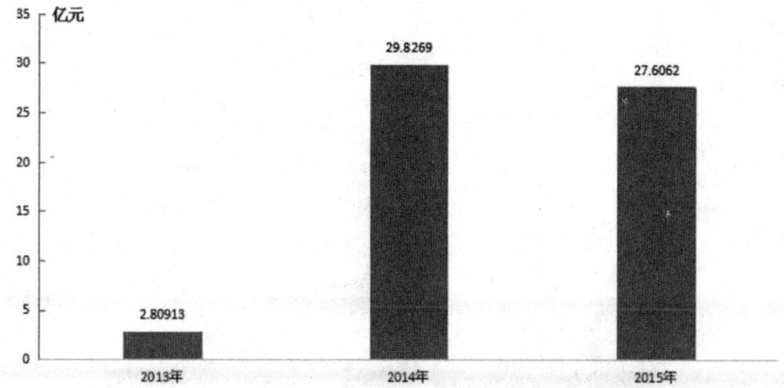

图 3-2-6 2013—2015 年谭木匠销售额

在店铺数量方面，数据显示，2015 年，谭木匠的门店总数高达 1384 家，相比 2013 年，3 年之中，谭木匠的门店总数仅仅减少了 16 个，见图 3-2-7。

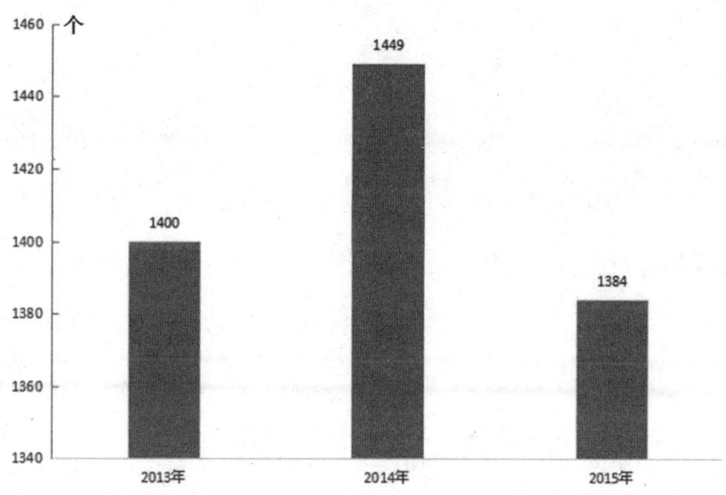

图 3-2-7 2013—2015 年谭木匠门店数量

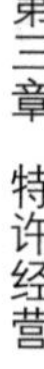

2015 年，谭木匠加盟店总数为 1379 个，与 2013 年相比，减少了 21 个，见图 3-2-8。

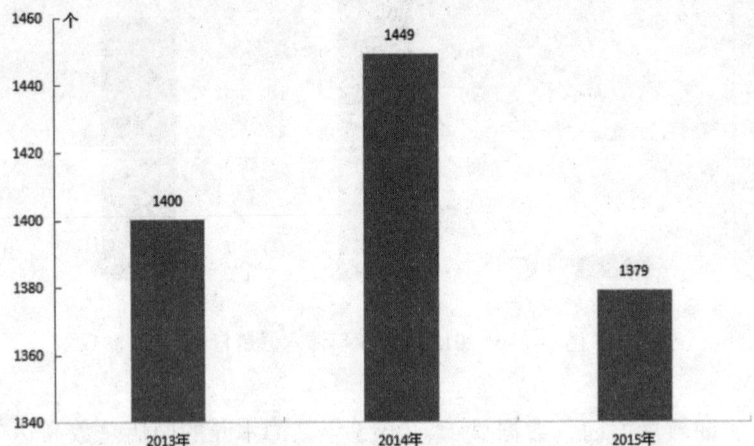

图 3-2-8 2013—2015 年谭木匠加盟店数量

第三节　全国统一价与整齐划一

可能读者会好奇地问，一把小小的木梳，如何撑起谭木匠庞大的连锁体系？在接受媒体采访时，谭传华给出了答案。

谭传华说道："我们靠品牌的一致性、标准化管理模式的复制，从而淡化了经营者本身的能力。……我们的加盟商是最轻松的，他们很多人甚至说，谭木匠让我们太好做了，只要把合同签下，按照手册规范去做，其他都全然不用操心了。"

在谭传华看来，在谭木匠的管控中，全国统一价与整齐划一并举功不可没。

01 实行完全统一的价格政策

在很多学者、营销专家的意识中，一把小小的梳子，是无法支撑1000多家专卖店的生存与发展的。然而，在谭木匠看来，万事皆有可能，在管控中，谭木匠采取了全国统一的价格政策与折扣模式，奠定了其领导地位。

谭木匠的加盟店产品一律不打折，不过可以把《中华手工》《我善治木》和一些自己制作的漫画书籍作为附加值送给顾客。在产品定价上，不分区域、城市，只要是加盟店，价格一律平等，明码标价，不得浮动。这样就避免了各加盟店为了自己的利益打价格战的恶性循环。①

与那些为吸引加盟给加盟商很大价格浮动空间的连锁企业品牌相比，谭传华在价格政策上没有商量的余地，可谓是铁板一块，没有丝毫弹性。

之所以有这样的政策，据谭传华介绍，他在1999年开始发展加盟时，就曾有过相关的教训。

1999年，谭传华考虑到东西部地区的经济差异。于是，他在东西部地区采用了两个不同的价位，但是一些西部加盟商自己吃掉了差价，致使价格管理一度出现混乱。

谭传华为了维护谭木匠品牌和加盟商的长远利益，虽然遭遇极强阻力，但是谭传华最终仍以强硬的态度坚决统一了价格，实现了全国不二价，供应商无权打折促销，即使是降低自己的利润进行打折，一旦被谭传华发现，将会受到严重的处罚。

自此之后，谭木匠便进入了稳健、快速的成长轨道。谭传华在折扣模式上，同样采取不分区域实行全国统一折扣点，给谭木匠和加盟商都留出了合理的利润空间。

对于任何一个企业的渠道而言，必须重视其利润分配，正所谓“天下熙熙皆为利来，天下攘攘皆为利往”。

在成立“股份制销售公司”时，格力电器同样考虑了这样的问题。不仅如此，为了能有效控制渠道，格力电器还作为“股份制销售公司”大股东，而且董事长必须由格力方出任。

在出货方面，格力电器以统一价格对各区域销售公司发货，所有一级经销商必须从当地销售公司进货，严禁跨区销售。格力总部给产品价格划定一条标准线，各销售公司向下批发时，结合当地实际情况

---

①高永钰《“谭木匠”创始人谭传华:做500强不如做500年》，《国际金融》，2009年第2期，第70—72页。

"有节制地上下浮动"。这不仅有利于格力电器更好地管理渠道，同时也给"股份制销售公司"管理人员更大的自主权，从而提高了忠诚度和销售热情。

众所周知，在如今竞争日益激烈的中国空调市场上，"决胜终端"的意识已经植入格力电器的渠道之中，甚至有专家直言，格力电器将工业精神融入销售渠道之中，足以理解格力电器对"决胜终端"的重视。

时任格力电器新闻发言人黄芳华在接受媒体专访时表示，格力电器取得快速增长的原动力，即是格力电器独创的营销模式。黄芳华坦言："销售公司贯彻落实了格力电器独有的'三个代表'（代表经销商的利益、代表消费者的利益、代表厂家的利益）思想，经销商对格力电器的向心力和凝聚力强，有效地避免了市场竞争的无序对格力市场的冲击。其次，格力电器规模的不断扩大、产能的扩张有效地化解了原材料上涨带来的各种不利影响。"

事实证明，在家电业日趋白热化的竞争当中，格力电器之所以获得成功，就是因为格力电器这个"单打冠军"的杀手锏就是"另类"渠道。业内专家指出，格力电器不仅很好地保障了经销商和客户的利益，而且格力电器在渠道方面的优势更加优于竞争对手。

研究发现，格力电器对渠道营销的控制远超业内想象。与经销商合作成立销售分公司这其实只是格力电器渠道营销的一部分。而家电企业乐华曾经同样全面实现过这种营销模式，但是由于乐华处境窘困，最终被 TCL 收购。

乐华之所以失败，除了低端定位外，更重要的一个原因是，乐华对销售渠道的控制能力较弱。如乐华空调串货较为严重，经常从 A 城市迅速流入 B 城市，而且 AB 两地的价格相差甚远。

反观格力电器，格力电器对每一套空调都实行"明码标记"，所有销售出去的产品和库存产品全部实现电脑控制，只要查询数据库，立刻就

可知道每套空调的详细情况。格力电器这样的措施有效地避免了竞相降价、串货、恶性竞争的市场混乱问题。

比如，在 1997 年，率先创建的湖北格力空调销售公司，不仅有效地规范了湖北地区格力空调的市场，保障了湖北经销商的合理利润，而且格力电器作为家电制造商也没有必要再建立独立的销售公司，节约了销售人员和分支机构的成本费用。

格力电器的湖北模式经过一段时间的实施，取得了期望的销售业绩。于是湖北模式被格力电器迅速推向中国大陆地区其他市场。

具体做法是，在每省的市场中，格力电器选定几个较大的经销商，共同出资参股组建销售公司，以“利益共同体”的模式把区域内较大的经销商捆绑到格力电器的航母上。其后，重庆、安徽、湖南、河北等全国多个省市的区域性销售公司相继创建。

事实证明，厂家、经销商组建的股份制销售公司的渠道模式是成功的，自 1997 年起，格力空调的销售实现了飞跃式的增长，销售额从 42 亿元、55 亿元、60 亿元，增长到 2013 年的 1200 亿元，产销量、市场占有率、利税收入等指标均在行业内领先，一举奠定了格力电器在空调行业的霸主地位。

02 拒绝价格战

相对其他连锁品牌和同行业来说，谭传华给加盟商留出的利润空间并不高，但是谭木匠的加盟店却一直活得很健康。

究其原因，是因为一些连锁企业品牌盲目地追求扩张速度和规模，无限制地放大利润空间，吸引加盟商的加盟。后又因弹性价格导致加盟商之间，加盟商与总部之间进行相互的恶性竞争，甚至为了抢占市场份额随意打折，其利润空间被恶性竞争压缩，结果陷入永无休止的价格战之中。

为此，曾有加盟商断言："假如谭木匠也加入'打折'行列，不用3年，将会全面陷入困境。"

谭传华非常认可该加盟商的观点，其理由是，他见过一个颇具知名度的饰品连锁企业品牌，品牌名称同样起得好，文化味道也很浓。由于上述情况，导致很多门店都赚不到钱，或者勉强为继。

在谭传华看来，该品牌企业主要败于价格政策，由于给了加盟商宽松的自由调价的空间，加盟商借机寻求暴利，结果品牌就被做砸了，短暂暴利之后便急速衰落；另外，品牌缺乏深度的文化诠释也是原因之一。

格力电器董事长董明珠多次强调，格力电器拒绝价格战，源于中国空调行业的自身原因。在20世纪90年代，中国大陆地区空调行业第一次价格战爆发，爆发的原因是在1996年，由于中国大陆地区连续40多天梅雨，而华东地区更是遭受了一场百年不遇的灾害。

在天气很凉爽的夏天，一直销售不错的空调行业遭遇市场不佳，一些空调企业为了减少库存，于是降价销售。大批空调企业进入价格战，因此价格大战愈演愈烈，空调销售越发困难。

在这样的背景下，一些经销商要求降低售价，有的经销商扬言"除非按我说的马上降价，不然格力今年死定了"。面对如此严峻的形势，董明珠却非常理性，她说："价格太低，专卖店为省钱，难免饮鸩止渴，牺牲安装维修，那么给用户提供的就是劣质产品。我认为，在难以保证质量和售后服务的地方，格力宁愿让出市场。"

在这轮价格大战中，格力电器降价的压力越来越大，有些空调企业柜机品种比格力电器的售价要低800~1000元，在价格战的作用下，占领了格力电器的部分市场。然而，董明珠坚持不降价。对此，媒体评论说：

“国产空调之间、国产品牌与洋品牌之间相互竞争，市场厮杀烽烟四起，中国空调史上，争夺市场最为惨烈的一年到来了。”

如今的董明珠回忆当时的情景依然记忆犹新。她说：“那时候，人们就跟疯了一样，价格战一次比一次惨烈，各种营销新概念以‘秒’的速度在不断催生，2001 年，各厂家降价血拼、媒体大肆渲染、消费者持币待购，血战过后，一家又一家厂家死去……”

尽管格力电器在价格战中失去了一部分市场，但是董明珠却非常理性。董明珠认为：“格力从不打价格战，两败俱伤的事，我们不做。”

对于价格战，董明珠始终持反对态度，在她看来，价格战没有受益者，甚至会把消费者拖入价格战受害者中。董明珠说：“价格低得就像买菜，这样的空调，你以为消费者会受益吗？错了，受伤最大的就是消费者。”

董明珠介绍说：“500 元买来的空调，谁敢放心使用？为了保本血拼，一些厂家偷工减料、以次充好，产品质量差，信誉扫地，企业出局，消费者也因买到价低质次的产品而蒙受损失。情况变得很糟，整个行业的信誉在整体沦陷。”

之后的 10 多年时间，中国空调行业依然在这样的病态疯狂中自戮自残。不过，格力电器不参与价格大战，但也因此付出了代价，格力的销售额 2001 年和 2002 年增幅仅 7%；出口增幅也从 1999 年的 70.7%，2000 年降至 27.23%，2001 年降至 16%，2002 年降至最低点——7%！虽然如此，但在董明珠看来，这也是值得的。格力付出这些代价，换来的是整个中国空调行业健康有序的良性发展，这不仅对格力，对竞争对手、消费者和社会各界都是一种负责任的做法。①

对此，研究者撰文指出，格力电器在这场价格战中发挥了中流砥

①李静，胡晓红《破解格力崛起的基因密码》，《珠海特区报》，2006 年 9 月 15 日。

柱的作用，是格力让中国空调行业避免了一场灾难。没有重蹈彩电业几大巨头价格战后从此一蹶不振的覆辙。然而，时间到了2006年，正当不少厂家都在为产品的出路犯难，甚至为吸引消费者的眼球不惜再次祭起降价大旗时，一向低调的格力却一反常态在北京打出一张反手牌：请消费者开膛破肚看“内脏”，扬言要清除“狼心狗肺猪下水”的特价空调。

03 塑造整齐划一的品牌形象

在连锁战略中，除产品本身外，谭木匠通过连锁专卖店的整体形象将自身的品牌形象展现给用户，同时坚守并维护专卖店整齐划一的品牌形象。

这无疑是谭木匠的品牌管理的一个重要管控系统。在谭木匠的管控中，谭传华对专卖店整体形象的控制，其实从选址时就已经开始了。

当准加盟商确定门店后，准加盟商必须把门店位置、方位、周边环境氛围、面积、是否具备装修条件等相关一系列问题，签订一份电子确认书，以及周边环境的照片，一起发给谭木匠的片区经理和谭木匠公司总部。

经过初步认可后，相关申请资料先由谭木匠大区经理亲赴现场，到实地考察审核。当谭木匠大区经理审核通过后，谭木匠总公司国内业务部经理将亲自去店面确认，进行审核，做最后确认。

在双方签署了正式加盟合同后，该谭木匠专卖店开始进入装修程序。谭木匠专卖店从选材到装修，全部由谭木匠总部负责监督，同时还会派出自己的装修队一手包办（谭木匠目前有10个装修队奔赴于全国各地）。

在谭传华看来，只有做到自己装修，才能确保谭木匠所有门店的形

象能够整齐划一。从门楣字样的书写、店头的全木包装，到店内的木质展台，乃至其他所有细节的布置和装饰，都全然一致，给人一色的精制、典雅和古朴的感觉。①

一致性设计和包装是很容易做到的。然而，让很多连锁企业经营者不知道的是，连锁店的品牌形象，还涵盖店员的服务素质和服务精神。

为了强化店员的服务素质和服务精神，在谭木匠的装修队开始进驻之时，谭传华就开始着手对加盟商进行专卖店标准化管理、企业文化、营销服务技巧等一系列的培训。

当然，即使有了一整套规范的管理体系，但谭传华并不就此可以让连锁店放任。为此，谭传华在接受媒体采访时介绍了谭木匠的渠道管控。

谭木匠对加盟商管控主要在以下几个方面体现：

一是好的法律框架。我们的合同非常严谨，每年一签，每年都修改，尽可能想到所有问题，减少双方扯皮的可能。合同有48页，和杂志一样厚。对于一家20平方米的小店来讲，似乎有点儿夸大，但我们做事情的原则就是不能马虎。

二是搭建诚信体系。我们提出自己的诚信系统：诚实、劳动、快乐。不诚信的话就会出现双方躲猫猫的情况，你躲我，我躲你，公司和加盟商关系就紧张。如果诚信，大家有话就说，错了就受罚。我是老板，错了就写检查，登到内刊报纸、杂志上。税该交多少一点不少。梳子的材料是普通木头绝不写成紫檀。诚实是一个系统，不是靠一两个点，是每一件事情。谭木匠形成习惯后，很有意思，员工考核一定当面说得清清楚楚，不怕得罪，大家都认同这个价值观。诚实的文化是融入到整个企业血液里的。

①张哲诚，聂万翔，陈小林，石磊《谭木匠：小木梳下"文化根"》，《东方企业家》，2006年第6期，第40—43页。

三是双赢。我们和加盟商是在一个锅里吃饭，大家荣辱一体。开始肯定会有很多碰撞，我们就不断地沟通，谁有想法就说出来，逐渐形成共同观点。现在谭木匠跟加盟商关系非常好，大家可以在一起聊人生观，年底的聚会活动就像一家人一样亲切。

当然，还有一个避不开的问题，这也被认为是所有连锁加盟企业都会遭遇的一道“坎”，即如何保障加盟店在残酷的市场竞争中创造可观的效益。能否迈过这道“坎”，考验着企业家的魄力和勇气。

为了解决加盟店的效益危机，我的态度很坚决，即使谭木匠有钱了也坚决不买高档办公楼，坚决不买豪华别墅和小轿车，要把有限的资金花在“一硬一软”之上：“硬”是好的设备，“软”是能干的人；“硬”是产品的质量，“软”是产品的文化含量。

在谭传华看来，要使分布于各地的1000多家专卖店展现高度一致的服务精神和品牌信仰，必须持续投入、用心维护，才能避免其人心涣散的局面。

第四章
上　市

我跟基金公司每次路演的时候，我首先就说我不是圈钱的，我“不差钱”，本来我不想上市，后来在大家的极力劝说下，到 11 月份决定要上市。至于上市的决定性因素，原因有二：一是想做品牌，二是希望增加法人治理结构、增加透明度、防范企业风险。

——谭木匠创始人 谭传华

第一节　登录港交所

2009 年 12 月 29 日，谭木匠在香港成功上市。根据谭木匠 2009 年 12 月 27 日晚发布的股份认购结果，谭木匠公开发售获得约 338.5 倍超额认购，最终定价为每股 2.58 港元，而本次配售及公开发售所得款项总额约为 13950 万港元。

这意味着单靠一把木梳起家的谭传华成功地将谭木匠推向了资本市场。

01　谭木匠香港上市首日涨幅过半

2009 年 12 月 29 日，作为中国木梳业第一品牌的谭木匠在香港交易所正式挂牌，股票代码 00837。

根据谭木匠的上市文件显示，谭木匠此次拟公开发行 6250 万股新股，发行后总股本可增至 2.5 亿股，发行股本占比 25%，每股发行价为 2.58 港元。按此价格计算，谭木匠可募集资金 1.61 亿港元，首日市值为 6.45 亿港元。

当上市的信息传开后，尤其是谭木匠在上市的首日，其表现较为抢眼，收市报 3.93 港元，较招股价 2.58 港元上涨 52.3%。在这里，我们来剖析一下谭木匠 2013—2016 年的销售收入，就不难看出谭木匠的经营特点，见表 4-1-1。

表 4-1-1 谭木匠 2013-2016 年的销售收入（单位：千元）

时间	2013 年	2014 年	2015 年	2016 年
收入单位	280913	298269	276062	263783
毛利单位	188317	196332	178106	173011
经营溢利单位	157696	166097	151518	143787
年内溢利单位	125856	128762	119906	114003
流动资产总值单位	502536	511969	546716	580762
非流动资产总值单位	139488	285436	159981	168916
权益总值单位	504466	578742	623437	671664

在这样的业绩背景下，谭木匠股票上涨就是情理之中的事情。2009 年 12 月 29 日上午 9 时许，谭传华现身港交所大厅。在挂牌仪式的现场，谭传华还从超过工厂人数一半的残疾员工中挑选代表到场见证，并向交易所赠送工艺木梳礼物。

谭传华的二哥、三峡燃气集团董事长谭传荣，以及谭传华的弟弟谭操也都到场。此前，三峡燃气集团通过引进战略投资者，以“借壳”方式实现在香港上市。

此次谭木匠能够在港交所上市，离不开其兄谭传荣的启发与帮助。其弟弟谭操则持有谭木匠少部分股份。

据招股书介绍，谭传华夫妇共持有谭木匠公司 67.88%的股份，持股数量为 1.697 亿股，按收盘价计算，市值已经达到 6.67 亿港元，折合人民币 6.05 亿元。

其后，谭传华接受媒体采访时谈及谭木匠的成功因素，他指出，“诚实、劳动、快乐”的企业价值观是核心。

02 21 名主要股东成百万富翁

当谭木匠在港交所成功上市后，谭木匠的另外 21 名主要股东同时也将共同分享 6995 万港元的豪华“红包”。

公开资料显示，领昌和誉俊两公司共持有谭木匠 75%的股份，另外 25%股份由公众持有。其中，誉俊公司持有谭木匠 7.12%的股份。

这组数据说明，在上市的当天，持有 7.12%股份的谭操、谭尧，以及誉俊公司高层管理者、独立董事等 21 位股东都成为名副其实的百万富翁。

在资本市场的推动下，企业上市后成为百万、千万富翁并非难事。美国东部时间 2007 年 11 月 1 日上午 9 点 30 分，随着巨人创始人史玉柱敲响上市钟声，巨人网络成功在纽交所上市，开盘价为 18.25 美元。

在上市后接受媒体采访时，史玉柱介绍，成功上市的巨人一下子造就了 21 个亿万富翁，186 个千万级的富翁。

面对巨人暴富的富翁问题，史玉柱坦诚，员工财富的剧增将更有利于巨人未来的发展。据公开资料介绍，巨人网络通过首次公开招股（IPO）融资达 8.866 亿美元，确定公开发行价为 15.50 美元。

之前，巨人网络在招股书上公布了其 2006 年以来的财务数据，数据显示，2007 年上半年，巨人网络的营收为 9031.1 万美元，净利润为 6730.5 万美元。

资料显示，巨人网络的前身是征途网络，2004 年 11 月创建。在上市前夕，征途网络正式更名为巨人网络。在当时，巨人网络已经成为中国第三大网络游戏运营商，旗下目前已经有四款游戏，《征途》免费版、《征途》时间版、《巨人》、《万王之王 3》。

回顾谭木匠的上市情况，2009 年 12 月 29 日上午 10 点一开盘，挂牌 1 小时之后，谭木匠以 3.5 港元的价格高开，较其招股定价上涨 35.66%，超出此前市场的普遍预期。随后股价一路上扬，收市报 3.93 港元，较招股价 2.58 港元高 52.3%，全日最高及最低分别为 3.93 港元及 3.2 港元，成交 9042 万股，成交金额 3.2 亿港元。

据了解，谭木匠成功在港交所上市，共集资净额达到 1.395 亿港元，以配售及公开发售方式发行 6250 万股新股，发行价定为 2.58 港元（总股本 2.5 亿）。

在公开发售阶段已获 338.5 倍超额认购，比之前龙湖香港上市 56.51 倍的超额认购还火爆。在启动回拨机制之后，其公开发售部分的总股数从 625 万股增至 3125 万股，占发售总数的 50%。

这样的数据表现，足以证明资本市场非常看好谭木匠。为此，香港一投资证券经理曾接受媒体采访时称，“谭木匠的股价后期还有望上扬，因为目前临近年末，消费类股票应该有一定行情表现，而且谭木匠市盈率为 28 倍，并不算高。”

倘若按照 2009 年 12 月 29 日谭木匠收盘价计算，成功登陆香港联交所的谭传华和妻子范成琴，其账面财富已达 6.67 亿港元，与年初相比几乎暴增 2.5 倍多。

在此之前，2009 年的年初，《福布斯》公布的谭木匠总资产为 1.9 亿港元左右。在此过程中，谭传华与妻子范成琴奋斗了近 20 年。

1997 年，谭传华与妻子范成琴合资创办了谭木匠工艺品有限公司，注册资本 50 万元。经过不断地发展和壮大，谭传华几次增资注册资本。2003 年，重庆谭木匠工艺品有限公司注册资本从 518 万元，增加到 1625 万元。

2004 年，谭传华开始谋划谭木匠到香港上市。基于此，2005 年 11 月，谭传华、范成琴夫妇注册成立领昌公司，两人分别持有 51%和 49%

的股权，这为谭木匠成功在香港上市打下基础。

面对财富的暴增，谭传华在接受媒体采访时坦言，“我还是以平常的心态来看待。……现在更应该以谦卑的心态从零起步，专注做好木梳回报投资者更重要。”

第二节　上市不为圈钱，意在品牌提升和国际化

在谭传华看来，谭木匠在香港上市，是对谭木匠管理能力、经营能力、财务状况等的一次考验。谭传华坦言：“我们想把梳子做透做大，做成全球化的一把梳子。谭木匠要开到更繁华的地方，品牌更时尚、更国际化。”

谭传华在上市后接受媒体采访时还表示，谭木匠集团计划每年增开200间分店。由于店铺面积较小，故相信租金压力对集团影响不大。

据谭传华介绍，谭木匠集团每年的木梳产量达到300万把，2008年有100万至200万顾客购买了两把以上的木梳。在谭传华看来，谭木匠上市，不是为了圈钱，意在品牌提升和国际化。

01 上市不是圈钱，而是致力于打造谭木匠品牌

在接受《投资者报》的采访时，谭传华回答了谭木匠为什么上市的问题。谭传华解释道：“我跟基金公司每次路演的时候，我首先就说我不是圈钱的，我‘不差钱’，本来我不想上市，后来在大家的极力劝说下，到2009年11月份决定要上市。”

在谭传华看来，对谭木匠上市起到决定性因素的是两个方面。谭传华介绍说道："一是想做品牌；二是希望增加法人治理结构、增加透明度、防范企业风险。"①

研究谭木匠上市后发现，增加法人治理结构、增加透明度、防范企业风险才是促使谭传华上市的催化剂。

这与巨人创始人史玉柱纽交所上市的观点很类似。在史玉柱看来，上市其实是为了管理更加规范。北京时间 2007 年 11 月 1 日晚上 9 点 30 分，史玉柱在美国纽约证券交易所敲响上市钟，而这钟声宣告巨人网络在美国成功上市。

据媒体披露的资料显示，巨人网络上市发行价为 15.5 美元，融资 8.87 亿美元。当日开盘价 18.25 美元，随即攀升到 19.1 美元。

史玉柱在接受媒体采访时表示，成功上市后的巨人网络其市值已高达 50 多亿美元，超过盛大（市值 27.6 亿美元）成为中国市值最高的网络游戏公司。不仅如此，巨人网络的上市，标志着中国本土网游的成功，标志着中国网游得到了世界的认可。据 IDC 公布的数据，中国网络游戏行业最近几年一直高速增长。2006 年中国网络游戏营收为 815 亿美元，比 2005 年增长了 735%。②

面对媒体的采访，东山再起的史玉柱此次赴美上市，有着自己的考量，特别是此次巨人上市选择的是最为严格的美国纽约交易所。

史玉柱解释说："纽交所是全球规模最大、历史最悠久的交易所之一，它的规则非常严，这和我们做百年老店的战略是相符的。如果选择国内上市，融资会更多一点，但想来想去还是来纽交所。在纽交所募集资金 10 个多亿，我们觉得已经不错了。"

---

①李梅影《谭木匠今年拟开 200 家 酝酿进军海外市场》，《投资者报》，2010 年 1 月 11 日。

②杨连柱《史玉柱如是说——中国顶级 CEO 的商道真经》，中国经济出版社，2008 年版。

其实，史玉柱赴美上市，其目的有三：

(1) 提升巨人的抗风险能力

在史玉柱看来，赴美上市更多的考虑依然是提升巨人的抗风险能力问题。史玉柱在接受采访时坦言：“企业大了，第一位的便不是利润，而是企业的安全。”

因此，赴美上市就是为了提升巨人抗风险的能力。史玉柱说：“从企业安全的角度，企业也应该上市。如果我们回头看看，在这个行业里，很多企业已经下去了，而且下去就起不来了，但上市公司抗波折的能力就高得多。在资本市场的支持下，企业有了强大的融资能力，抗风险能力自然会大大改善。”

(2) 管理规范化

要想使得巨人更加安全地生存下去，就必须去最为严格的美国纽约交易所上市，这样更能促进企业管理规范化。

史玉柱说：“上市逼你走稳，公司管理将进入更为规范的阶段，以前是我一个人说了算，后来是公司的办公会议作决定，现在有了独立董事，管理会更加规范。上市通过法律等各种手段形成制约，相对来说作出错误决策的可能性大大减小，董事会、股东大会等在组织安排上又多加了几道保护。”

(3) 改变公众看法

赴美上市是为了改变公众的看法。由于史玉柱曾经失败过，这就使得公众对史玉柱创办的企业产生强烈的不信任感。史玉柱为了改变公众对自己的看法，其手段之一就是选择上市，并选择了较其他交易所更为严格的纽交所作为上市地点，成为首个登陆纽交所的中国网游股。

史玉柱是这样解释的：“上市把公司的规格提高了，在纽交所上市的公司从可信度等方面来说都是非常强的。要是跟一个公司做生意，上市的跟不上市的，肯定要相信上市公司。如果我们在A股上市能赚到3

倍或 4 倍的钱，但是我们觉得如果想做百年老店的话，还是来这里意义更大一些。”

当巨人网络上市后，史玉柱接受采访时坦言：“我压力最大的还是如何保持高速增长。” 对于史玉柱而言，赴美上市只不过是为了规范巨人集团，提升巨人集团的抗风险能力。

02 香港上市，更好地谋求谭木匠的海外发展

在招股说明书中谈到，谭木匠将来要开时尚工艺品商店、高档家居饰品店，等等。当谭传华接受《投资者报》的采访时坦言：“还是想先做梳子，把梳子做到最好。”①

谭传华之所以选择在香港上市，其实也是在为了更好地谋求谭木匠的发展，同时也是为了给谭木匠日后的国际化铺路。

谭传华说道：“谭木匠下一代提升的方案，就是有一些更时尚的元素进去，有一些国际概念加进去，但是中国文化还是根。”

在谭传华看来，香港具有自身的优势，更适合谭木匠开展国际化战略。对于致力于国际化的中国企业来说，中国香港都是自己国际化第一站的试验田。究其原因，中国香港市场拥有其特殊的优势。为此，中国香港特别行政区贸易发展局研究总监关家明在接受《第一财经日报》采访时介绍说道：

香港的优势主要集中在专业服务方面，不论是基建、制造业还是市场开发，都需要一系列专业服务，从最开始的规划，到项目过程中的管

①李梅影《谭木匠今年拟开 200 家 酝酿进军海外市场》，《投资者报》，2010 年 1 月 11 日。

理，再到项目后期的营运，这些都是香港有相对优势的行业。当然，贯穿于整个过程中的金融、风险管理、法律、审计，也是香港企业的优势，这是从行业的角度去讲。

另外一个角度是从“一带一路”倡议发展的策略方面来看，香港的优势在于国际化。一方面是本地企业的国际化，香港本身已经有很多国际企业，比如，有很多港口公司已经在全球几十个国家近百个港口都有业务，另外还有一些做通讯的企业也提供许多跨国服务。另一方面，也有很多国际企业在香港，比如欧洲、美国、日本等一些发达地区和国家的跨国企业基本都会在香港设点。这两类企业加起来，就能把国际上一些通行的标准、做法和有效的技术，参与到“一带一路”项目中。

香港的另一个特色是，它拥有一个比较市场化的环境，无论是人力、金融、法律，各方面的平台都比较成熟。比如说，一个项目涉及到不同地区和不同背景的企业，怎么去整合起来？我们这里有很多大型会议、展览，通过这个平台可以对接，对接后谈项目的过程所涉及到的法律问题、金融问题、资金问题，我们也有很多相关的平台。譬如说项目过程中牵扯到一些法律纠纷，都可以在香港找到国际性的仲裁平台。所以，国际性和市场化是香港最大的优势。①

在关家明看来，拥有国际性和市场化的中国香港市场给中国企业提供自己走向海外市场的一次实兵演练。在走出去的中国企业中，谭木匠也同样遵循这样先易后难的国际化路线。

为了更好地配合国际化战略，谭传华正着力谭木匠的品牌整体性。谭传华说道：“我看我的产品，单一看每个产品都不错，就是放在一起

①方向明《参与“一带一路” 香港的优势在于国际化和市场化》，《第一财经日报》，2017年6月6日。

看就不好了，缺乏一个整体性，整体性很差。整体性的问题，就是包括从设计到包装到品牌的理念、文化内涵、消费心理的研究。比如说凭什么 LV 可以卖得那么贵呢？就是整体性提高了，让人感觉那个包包很值，如果整体性不行的话，你肯定感觉那个包包不值，这就是品牌整体性的问题。”

据谭传华介绍，尽管目前有 40%的顾客知道谭木匠木梳，但是实际购买率只有 2%（约 200 万用户）。谭传华坦言：“用不着开发家具市场，把现有 38%的潜在客户变成现实客户，就意味着拥有 1 亿用户，以及 2 亿把梳子。”

03 “我们的目标是做成全世界的一把梳子”

“我们的目标是做成全世界的一把梳子。” 在谭木匠香港上市 1 周年之际，谭传华表达了企业发展的心愿。让很多顾客没有想到的是，谭传华凭借一把小小的梳子，已经把谭木匠布局到美国、韩国、新加坡等世界各地，逐渐成为一个世界品牌。

然而，谭木匠的“野心”不仅限于成为世界品牌，在谭木匠的发展目标中明确显示，谭木匠要做成“全球木梳第一品牌”。而随着从本土向世界的发展，谭木匠正在向世界第一品牌的目标一步一步迈进。

从 1998 年 3 月 7 日谭木匠在四川省南充市青浩开出第一家加盟店开始，2016 年，谭木匠专卖店已达到 1000 多家，分布在国内外 300 多个大中城市。现在，谭木匠已经毫无争议地成为木梳制品行业第一品牌，闻名全国。不仅如此，作为木梳的第一品牌，谭木匠还于 2010 年主导了中国木梳行业标准的制定及木镜行业标准的起草。

谭木匠的不断发展也获得了资本市场的认可，谭木匠成为目前国内

上市公司中唯一的木梳制品企业。利用资本市场的跳板，谭木匠逐渐将目光瞄向了宽广的世界范围。据谭木匠2010年中期业绩报告显示，截至2010年6月30日，谭木匠在中国开设了953间特许加盟店，在新加坡、美国、韩国等地均设有专卖店，在加拿大、意大利、澳大利亚等世界各地已经有了谭木匠的客户。在此基础上，谭木匠在海外市场及高端品牌的扩展将逐步加大。谭木匠构建“世界木梳第一品牌”的蓝图逐渐清晰。①

通过大型展览展示谭木匠的产品，比如，谭传华借助2010年世博会这个舞台，向全世界的参观者展示了中国传统的木梳雕刻与彩绘工艺；同时，谭传华还在重庆馆向游客赠送精美的谭木匠木梳礼品，让世界体验到中国的木梳艺术与文化。

谭传华的做法，得到学者和媒体的认可。媒体和学者认为，与其说是作为木梳行业领导者的谭木匠拓展全球市场，还不如说是中国文化向世界的传播。作为木梳产品，本身就是承载一种富含中国文化底蕴的载体。使用木梳有其独特的含义，流传几千年，早已形成源远流长的“梳文化”。

在很多电视剧中，我们时常看到，诸如“一梳梳到底，二梳白发齐眉，三梳子孙满堂”的木梳文化现象。这样的习俗融入中国百姓的生活和礼仪之中，其实就是中国“木梳文化”一个最为直接的场景体现。

随着时间的流逝，先辈留下的文化传统已经深深地烙印在中国人的基因之中，这样的市场是足够大的。为此，谭传华接受了《理财周报》的采访。

理财周报：现在谭木匠的市场占有率是多少？

---

①王娅莉《“谭木匠”传承中国木梳艺术与文化魅力》，《中国质量报》，2011年2月21日。

谭传华：去年（2009年）我们做了一个市场调研。专门请了一家很好的调查公司做了一个调查。整个调查群体里，有30%的人听说过谭木匠这个名字。有2%的人到店里消费过谭木匠的产品。市场空间很大。被调查的人是目标客户群。

我们的主要目标客户群是18岁至35岁的女性，以白领女孩或白领妇女为主。市场方面，广东市场在3年以前做得比较差，现在起来了，好像还快于其他地方。华东、华北不错。北京开了50多个店了，还在开。

理财周报：梳子的市场空间还有多大？

谭传华：我认为我们还很小，还没做够。市场还很大。排梳目前我们还没看到对手。梳子是个很细的市场，目前还没有看关于其市场空间的统计数据。①

在谭传华看来，谭木匠的成功，是因为准确地把握了梳子所蕴含的文化，将现代制造技术与传统手工艺技术相结合，将现代流行时尚与中国传统文化工艺相结合，推出了集艺术性、工艺性、观赏性、收藏性与实用性于一体的谭木匠产品。数据显示，谭木匠围绕“亲情、友情、爱情、风土人情”的主题，每年推出多种新款式；截至2010年6月31日，谭木匠已经研发出了567款产品，拥有60多项专利。②

①李峻岭《谭木匠：我是对钱最不看好的，钱一多心就乱》，《理财周报》，2010年1月11日。

②王娅莉《“谭木匠”传承中国木梳艺术与文化魅力》，《中国质量报》，2011年2月21日。

第三节　做有价值的上市公司

作为上市公司的谭木匠，其行事风格与创始人谭传华一脉相承。相比其他上市公司，尤其对广大投资者而言，谭木匠似乎是一只"不起眼"的港股。

尽管如此，当面对人们关心的问题："谭木匠的客户群是谁？怎么为社会创造价值？谭木匠为什么从来不做广告？我记忆中传统经典的谭木匠需要走时尚年轻路线吗？优良的品质、终身免费维修的一把梳子，可以轻松用10多年，公司如何持续地赚钱？"谭木匠高层对此都做出了诚恳坦率的解答。

谭传华回顾称："谭木匠经过多年的发展，梳子品类尽管位居第一，但是仍然是一个不大的企业。正因为如此，谭木匠做的事总有一些情感的东西在里面，它很真实，很有价值，工厂有300多名残疾人，400万把梳子里，有不到200万把是他们做出来的，他们有他们自己的社会价值。一家公司想要长久，一定是要对社会实现价值，而不是只看利益。"

01 蛰居资本市场

在中国数千万的企业中，创建于重庆市万州区的谭木匠，是一个名副其实的具有“匠人精神”的企业。

1997 年，从谭传华创建谭木匠开始作为起点，至今正好 20 年。可谓是从婴儿成长为一个壮小伙。

如今的谭木匠是集梳理用品、饰品于一体的小木制品专业化集团公司，旗下包括重庆谭木匠工艺品有限公司、谭木匠发展有限公司、手工馆、美裕饰品、自强木业、江苏谭木匠旅游发展有限公司等子公司，见图 4-3-1。

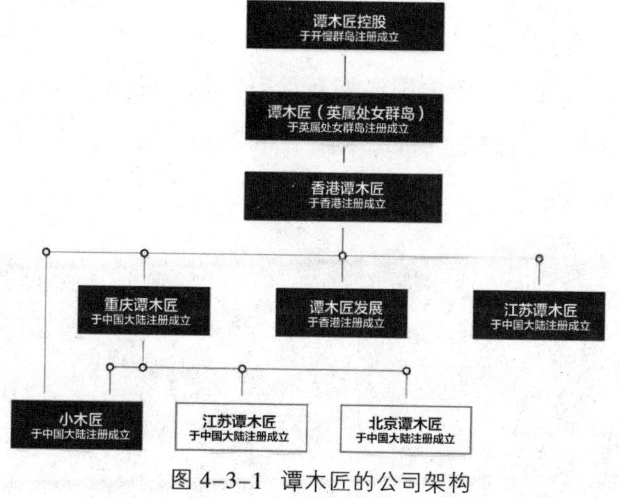

图 4-3-1　谭木匠的公司架构

从图 4-3-1 可以看出，谭木匠的主要业务是设计、生产和销售小型木饰品，主要产品为木梳，其业务主要集中在中国大陆，大部分以特许经销商加盟的方式进行产品销售。

经过特许加盟的方式，让谭木匠稳定地向前发展。2009 年，作为木梳企业的谭木匠成功在香港主板上市，募集资金净额约 1.4 亿港元。

谭木匠的上市一度赢得资本的热捧，超额认购达到338.5倍，谭木匠因此成为中国的“木梳大王”。尽管如此，谭传华非常清楚，资本市场是逐利的狼群，对“木梳大王”的热度不会持续太久。因此，谭传华始终坚持专注在木梳行业，不求做大，只求做好做久，甚至把“做最好的梳子”作为自己的发展战略。

就这样，谭木匠在IPO后不久，就如同其他诸多港股中小企业一样，陷入成交清淡、少人问津的境地。

据面包财经介绍，2010年初至今的日均成交金额仅为110.5万港元，2015年股灾之后，公司成交量越发萎靡。由于不在港股通标之内，即便是内资大举南下，对其成交也几乎没有提升，最近半年的日均成交额仅为60.7万港元——还不够一个大散户一天的交易量。①

客观地，谭木匠之所以被资本市场冷落，原因有两个：第一，港股自身固有的生态，对小盘股不热衷；第二，谭木匠自身的成长性并不足够强，尤其是近几年由于中国经济新常态，谭木匠的营收疲软，利润增长停滞。在这里，我们来剖析谭木匠2009—2016年的营收和利润就能看到其问题，见图4-3-2。

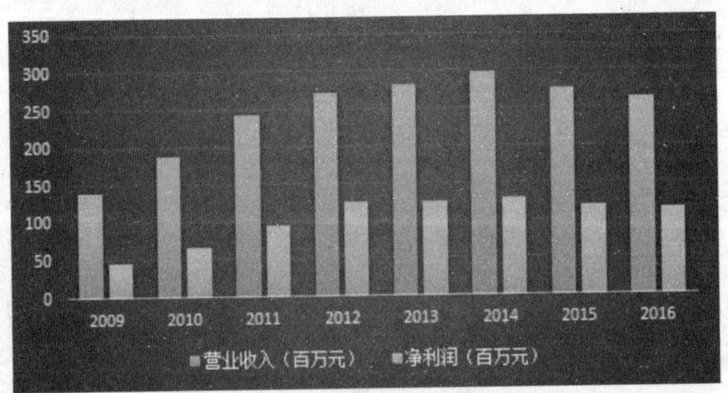

图4-3-2 谭木匠2009—2016年的营收和利润

①面包财经《被市场冷落的谭木匠有投资价值吗?》，http://www.sohu.com/a/147107053_384082。

从图 4-3-2 可以看到，谭木匠的营收从 2009 年的 1.4 亿元增长到 2014 年的 2.98 亿元，年均复合增长率为 16.3%；同期净利润从 0.46 亿元增长到 1.29 亿元，年均复合增长率为 22.9%。[①]见图 4-3-3。

年度報告 2016　　譚木匠控股有限公司 62

综合损益表

截至二零一六年十二月三十一日止年度

	附注	二零一六年 人民币千元	二零一五年 人民币千元
收益	5	263,783	276,062
销售成本		(90,772)	(97,956)
毛利		173,011	178,106
其他收入	6	44,087	40,909
行政开支		(22,226)	(24,055)
销售及分销开支		(42,835)	(36,551)
其他经营开支		(8,250)	(6,891)
经营溢利		143,787	151,518
融资成本	7	—	(3,150)
除税前溢利	8	143,787	148,368
所得税	9	(29,784)	(28,462)
年度溢利		114,003	119,906
以下人士应占			
本公司拥有人		114,003	119,906
每股盈利	14		
基本及摊薄		人民币45.60分	人民币47.96分

图 4-3-3 2015 年、2016 年谭木匠损益表

然而，在 2015 年和 2016 年两年的营收和净利润方面，两者却都出现了不同程度的下滑，2016 年营收和净利润分别比 2014 年下跌均超过 10%。因此被资本市场冷落，究其原因，股份的涨跌源于企业自身未来的现金流。

①面包财经《20 年只做一把梳子：被市场冷落的谭木匠有投资价值吗?》，http://www.cs.com.cn/gg/gsxw/201706/t20170609_5317133.html。

02 坚守“现金为王”，积极分红

对于任何一个企业来说，不管是在发展阶段，还是稳定阶段，坚守“现金为王”的战略永不过时。虽然最近两年谭木匠的营收和利润有所下滑，但是谭木匠的盈利质量还是较高，利润的含金量也较高。

对于诸多上市企业来说，只看报表上的净利润数据是不客观的，因为一些不靠谱的企业时常操纵净利润，其手法不胜枚举。例如，一些 A 股上市企业，在年底时闪电般销售一套位于学区的房产，就可以避免自身沦为 ST 股票了。

所谓 ST 股票，是指境内上市公司连续 2 年亏损，被进行特别处理的股票。所谓 *ST 股，是指境内上市公司经营连续 3 年亏损，被进行退市风险警示的股票。

很多上市企业为了避免沦为 ST 股票，可谓想出各种办法来应对。基于此，资深的、尤其是“身经百战”的投资者，更看重上市企业利润的现金含量。在 3 个表——资产负债表、损益表、现金流量表中，很多研究者和媒体人更热衷于研读现金流量表。

经营性净现金流与净利润的比值，通常是一个比较有价值的指标。根据谭木匠 2016 年财报数据显示，谭木匠的经营性净现金流为 1.09 亿元，同期净利润为 1.14 亿元，比值为 0.96，处在比较高的水平。在这里，我们来剖析一下 2015 年、2016 年谭木匠综合财务状况表、现金流量表，以及谭木匠的收入数据，见图 4-3-4、图 4-3-5、图 4-3-6。

年度報告 2016　　譚木匠控股有限公司 64

综合财务状况表

截至二零一六年十二月三十一日

	附注	二零一六年 人民币千元	二零一五年 人民币千元
并流动资产			
物业、厂房及设备	15	59,812	57,509
预付租金	16(a)	16,654	12,922
投资物业	17	92,450	89,550
无形资产	18	—	—
		168,916	159,981
流动资产			
预付租金	16(a)	737	362
存货	20	104,363	87,442
应收贸易账款	22	2,933	2,377
其他应收账款、按金及预付款项	23	9,507	29,368
已质押银行存款	24	—	233,053
现金及银行结余	26	463,222	194,114
		580,762	546,716
流动负债			
应付贸易账款	27	4,797	3,943
其他应付款项及应记费用	28	26,135	26,316
衍生金融工具	21	—	5,516
应付所得税	25(a)	27,313	25,161
		(58,245)	(60,936)
流动资产净值		522,517	485,780
总资产减流动负债		691,433	645,761

图 4-3-4　2015 年、2016 年谭木匠综合财务状况表

67 譚木匠控股有限公司　　年度報告 2016

综合现金流量表

截至二零一六年十二月三十一日止年度

	附注	二零一六年 人民币千元	二零一五年 人民币千元
经营活动			
除税前溢利		143,787	148,368
调整项目：			
利息开支	7	—	3,150
利息收入	6	(14,056)	(14,654)
投资物业公平值变动	6	(2,900)	(3,630)
出售物业、厂房及设备亏损净额	8(b)	121	96
折旧	8(b)	2,280	2,576
预付租金摊销	8(b)	393	302
衍生金融工具公平值变动		—	7,202
应收贸易账款拨备	8(b)	130	69
存货撇减	8(b)	3,667	1,837
汇兑收益净额	8(b)	(2,037)	(12,707)
由递延收入计入政府补贴	6	(36)	(36)
其它应收账款减值亏损拨回	8(b)	(42)	—
存货撇减拨回	8(b)	(46)	—
营运资金变动前的经营溢利		131,261	132,633
存货增加		(20,542)	(11,496)
预付租金增加		(4,500)	—
应收贸易账款增加		(686)	(419)
其它应收账款、按金及预付款项减少／（增加）		19,903	(5,288)
应付贸易账款增加／（减少）		854	(183)
其它应付款项及应计费用减少		(5,697)	(3,618)
经营所得现金		120,593	111,629
已收利息		18,593	13,905
已付利息		—	(3,150)
已付所得税净额		(21,135)	(20,243)
已付预扣税		(9,016)	(11,187)
经营活动所得现金净额		109,035	90,954
投资活动			
购买物业、厂房及设备		(2,370)	(2,935)
出售物业、厂房及设备所得款项		40	60
银行定期存款减少		—	127,756
购置物业预付款项		(2,437)	—
投资活动（所用）所得现金净额		(4,767)	124,881

图 4-3-5　2015 年、2016 年谭木匠现金流量表

年度报告 2016 谭木匠控股有限公司 88

5. 收益

收益指售予客户货品的发票净值，扣除增值税及销售税、退货及津贴以及加盟费收入。本集团于有关年度的收益分析如下：

	二零一六年 人民币千元	二零一五年 人民币千元
销售货品	263,402	275,792
加盟费收入	381	270
	263,783	276,062

6. 其他收入

	二零一六年 人民币千元	二零一五年 人民币千元
政府补贴	877	15
由递延收入计入之政府补贴	36	36
并非按公平值计入损益的金融资产	14,056	14,654
利息收入一银行利息收入	16,568	7,860
中国增值税退款（附注9(a)(i)）	7,199	6,913
投资物业的租金收入	2,037	12,707
汇兑收益净额		
衍生金融工具公平值变动	—	(5,415)
投资物业公平值变动	2,900	3,630
其它应收账款减值拨回	42	–
其它	372	509
	44,087	40,909

图 4-3-6 2015 年、2016 年谭木匠的收入数据

与谭木匠此前两年相比，比值相对较低，这或许与搬迁开支等因素有关。在这里，我们来剖析 2009 年至 2016 年谭木匠历年净利润与经营性净现金流的比值，见表 4-3-1。

表 4-3-1 2009 年至 2016 年谭木匠历年净利润与经营性净现金流的比值

项目(年)	2009	2010	2011	2012	2013	2014	2015	2016
经营性净现金流比净利润	1.46	0.98	1.14	1.02	1.02	0.86	0.76	0.96

从表 4-3-1 可以看出，在实际经营中，谭木匠拥有比较充沛的现金流以及自己相对较小的资本开支。

研究发现，谭木匠的盈利水平较为稳定，其毛利率一直维持在 60%以上，净利率则维持在 40%以上。即使剔除其他收入（主要为增值税退税和银行利息收入），谭木匠的净利率依然维持在 25%左右。在这里，我们来剖析 2009 年至 2016 年谭木匠历年的利润率，见图 4-3-7。

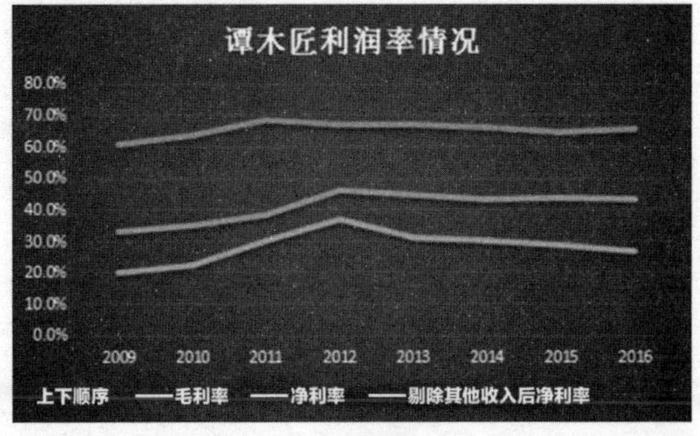

图 4-3-7 2009—2016 年谭木匠历年利润率

在利润方面，一个比较值得关注的要点是：由于谭木匠的生产员工中有一半为残疾人士，谭木匠每年可因此获得增值税退税。据谭木匠 2016 年财报数据显示，2016 年聘用的残疾员工有 318 人，谭木匠获得增值税退税 1656.8 万元。

第五章
专攻木梳

有时候是命运的安排。当时资金实力不够，我们毕竟起步太低，实际上谭木匠的案例对创业者来说有非常好的借鉴意义，我认为一把梳子也可以做得很不错，其实靠的就是专注。

——谭木匠创始人 谭传华

第一节 “我善治木”

在谭传华的战略布局中，始终坚持“我善治木”的经营思维，这在中国企业界也是较为少有的。媒体为此在评论谭木匠时，始终把专注作为一个切入点：“一把小小木梳折射出的商业智慧与专注，让那些动不动自称准备闯入世界500强的企业刮目相看。谭传华的‘右手’塞在裤兜里。18岁那年，在一次炸鱼的过程中，自己的右手伴随着雷管的硝烟永远地消散了。而仅靠一只左手，撑起了谭木匠这个在木制品市场上叱咤风云的品牌。”①

谭木匠之所以能够成为木梳市场的领导品牌，是因为谭木匠坚守“我善治木”的专注、极致的战略思维。

01 世代传承的“我善治木”

在中国，英雄向来是不问出处的，当谭传华成为诗人和画家的梦想破灭后，几经周折，不得不回到重庆市万州农村的老家，开始继承祖上传下来的木匠手艺。

①高永钰《“谭木匠”创始人谭传华:做500强不如做500年》，《国际金融》，2009年第2期，第70—72页。

对于谭传华来说，木匠手艺既可以重拾自信，同时还是祖传的技艺。据谭传华在自传中叙述，其曾祖父在当地是一位较为知名的木匠，小有家业。

虽然如此，其曾祖父同样遭遇了富不过三代的魔咒，谭传华的祖父沾染上鸦片和赌博两个恶习，把整个家业都挥霍殆尽。

天无绝人之路，谭传华的父亲继承了祖传的手艺，在当地又成为一个较好的木匠，其口碑甚佳。在谭传华的自传中，就浓墨重彩地描写过：

我的父亲是一位真正的木匠。听父亲讲，明朝年间，我的祖上就是木匠，祖上的木匠手艺，在家乡几个县很有名气。父亲说，连县长的女儿出嫁，那全堂家具也是我祖上做的，这些在我们的谭氏家谱上都有过记载。可惜到了我爷爷这一代，由于爷爷太不争气，手艺就失传了！

听父亲说，我的爷爷是个大烟鬼，又好赌，把家产搞得精光，奶奶拿他没有办法，只好求保长将爷爷抓去当壮丁。父亲讲，爷爷是在回家途中的一座木桥上被抓的，抓来后被捆在桥头的柱子上。父亲也恨爷爷，但他还是端了饭菜去喂爷爷。父亲那时才 12 岁，爷爷边吃饭边骂奶奶没良心，父亲没有回答，喂完饭看着爷爷被人押着走了。两年后传来消息，爷爷战死在湖南的长沙。

这一段悲惨的历史，我成年后反复问过我的父亲能不能讲得细一点儿，就像电影电视一样，有那么一个悲壮的场面，一场撕心裂胆的痛哭？父亲说：“我没有哭。”当时我不明白，直到我经历了几十年的磨砺后，我才知道细腻的感情其实是一种奢侈的东西。

在我们家乡有句民谚：“养儿不学艺，挑断箩脚系。”意思是养儿不学手艺，只有下苦力，挑断一根根箩筐的绳子永远没有好日子。虽然我父亲知道祖上是以木匠传业的，但想到干了大半辈子木匠活的爷爷落得如此悲惨的下场，就想学裁缝，父亲没多少文化，只读了 3 年书，拜了一个师傅学裁缝。这个师傅性子太暴躁，一次父亲在熨衣服时不小心熨焦了一小块布，师傅二话没说，抓起火熨斗就朝我父亲劈脸打来，将父亲的额头砸了两寸长的一道口子，鲜血直流，师傅不但不给父亲包扎，嘴里还骂个不停："滚，滚你的！"父亲双手捂着额头，一边哭一边跑回自家的窝棚。

世界上许多事情是真的没法说清楚，你转了多大一圈还得回到原来的地方，父亲本不想当木匠，改行当文文静静的裁缝师傅，没想到一熨斗把他打回到自己的老行当——当木匠，就跟了一个姓向的师傅学木匠。这位师傅贤德，父亲说他从拜师那天起到出师那天止，从没有被师傅骂过一句。因此，父亲很尊敬他的师傅，直到后来我们家开始好了起来，父亲还经常念叨师傅对他的恩情，而且几次三番去接师傅到家里来玩。父亲木活做得很好，谭木匠在当地有点小名气。

谭传华这段话非常详细地介绍了自家作为木匠世家的历史，从多个角度剖析了木匠传承的艰难和天命。正是因为如此，谭传华才不得不选择木匠，或许这就是冥冥中注定的事情。

02 "天意不可违，我仍然还是做木匠的命"

从上述这段描述文字中，谭传华的父亲本不想做木匠，结果还是成为一名出色的木匠师傅。在谭传华这一代，在四处碰壁之后，与其父亲的选择一样，再度选择木匠。

在接受媒体采访时，谭传华曾介绍说道："我一直想当诗人、画家，但却几乎因此饿死街头。天意不可违，我仍然还是做木匠的命。"

这或许就是谭传华坚守"我善治木"的专注战略的基因所在。如今，谭传华把这段家史工整地装裱在了谭木匠的每一个加盟店里，不仅介绍自己白手起家的经历，也向客户传播中国历经千年的匠人文化，同时还吸引了无数潜在购买谭木匠产品的客户。

在谭木匠甘肃兰州 79 店，其销售员吴印就遇到过令其难忘的事情。事情是这样的，一位中年女士住在吴印开的谭木匠专卖店附近，该中年女士每次买菜路过该店时，总会到店里观看。

每次到店观看时，吴印都会热情地向她介绍谭木匠的产品，或者讲一些有关谭木匠发展过程中的故事。

虽然吴印介绍了好多次，该女士始终都没有购买一把。由于自身的原因，吴印后来开了一家自己的谭木匠专卖店。

两年后的一天，中年女士又出现在吴印的谭木匠专卖店里。一番寒暄之后，中年女士说她想购买一把按摩梳。随后，吴印帮她精心选择了一把，中年女士非常满意。原来，她很早就非常渴求这样的一把梳子，可是从前经济拮据，自己只能去店里饱一下眼福，现在生活宽裕了，终于可以拥有一把喜爱的梳子了。①

顾客认可谭木匠的梳子，是因为梳子本身的技艺和文化吸引和提升了顾客的忠诚度。这或许与谭传华是一个木匠有关。

如前所述，谭传华的木匠手艺是家传的，尽管如此，谭传华也不想做木匠，只因为“仍然还是做木匠的命”，所以才不得不做木匠。

谭传华在做谭木匠时，肯定有诸多的不情愿，因为在做木匠之前，谭传华有过一段令其伤心的回忆——谭传华曾经为了 6 个馒头给人画过画像，也曾经当过睡在街边的流浪汉，还曾经被人当成小偷抓进了收容所。这一段历史让他几乎丧失了活下去的勇气，“不怕，眼睛还在动，就能活”，在昆明，生活到了绝望的地步，谭传华准备以自杀来告别这个

①高永钰《“谭木匠”创始人谭传华:做 500 强不如做 500 年》，《国际金融》，2009 年第 2 期，第 70—72 页。

世界的时候，母亲在他18岁受伤时说的那句话深深地刺痛着他。人活着，就要活出人的尊严来，那一段艰辛的岁月，他卖过魔芋，卖过红桔，卖过塑料花，开过预制板厂①。

经过数次抗争后，谭传华最后回归到了祖辈的老本行——当一名出色的木匠。就这样，谭木匠在国营的猪圈里开办了木梳厂。

如今的谭木匠，不再是一个陌生的木制品了。谭传华坦言："尽管木梳成本很高，但我们很少打广告，主要依靠口碑相传。"

在谭传华的布局中，为了赢得用户的认可，谭传华每年都要拿出近500万元投入到新产品的设计开发中。

正是因为如此，谭木匠的梳子以新颖的设计和外形引领木梳行业时，很多竞争者开始纷纷仿造。

面对竞争者的仿制，谭传华的对策是："我们层出不穷地推出新品，以速度制胜，让竞争对手即使模仿都追不上来!"

在谭传华看来，一个创新的企业最大的优势就是能跟上这个社会的节奏，谭传华说道："能和社会产生亲近感。"

为此，谭传华不仅拥有自己的优秀设计团队，与优秀的合作者战略合作，同时还通过举办设计大赛等形式，寻找优秀的设计创意。

谭传华介绍道："公司的设计师团队来自三方面，首先是公司内部的设计团队；另一方面是与专业网站、杂志、公司、院校合作，整合国内的设计团队；还有就是与德国、意大利、法国等国际设计师事务所建立合作伙伴关系，不断推出新品。"

在谭木匠的梳子产品中，不仅拥有新颖的设计和外形，同时产品必须被抛光得一根木毛都没有，活动的梳齿可以直接拆下来，进行清洗和返修……谭传华得知黄杨木对皮肤有很好的保健作用时，就高价收购了

①高永钰《"谭木匠"创始人谭传华:做500强不如做500年》，《国际金融》，2009年第2期，第70—72页。

这些木材，制成了黄杨木梳，大受市场欢迎。

在制作谭木匠木梳的过程中，还使用严格的中药配方，将中药进行压汁，然后把梳子放在里面浸染。这样就制成了谭木匠公司产品中很有名气的一款梳子：“草木染。”

第二节 “不炒股票和地皮，钱一多心就乱了”

从谭传华创建谭木匠到如今，已经风雨兼程 20 多年。在这 20 多年时间里，谭传华从来就只做一件事——制作和销售世界上最好的木梳。

在这 20 年时间里，谭木匠的营收较为平稳，每年的净利润维持在 1 亿元以上，不仅如此，谭木匠没有贷款，没有外债，就连 2009 年香港上市时募集的资金都没用完，至今还躺在银行的账户上。

在中国当下，融资难一直困扰着中国成千上万的企业老板，但是谭传华却很少用银行贷款来融资，这或许与谭传华的坚守有关。谭传华曾经坦言：“一夜暴富的人是不会再沉下心来做好一把小木梳的。”

在谭木匠的战略发展中，谭传华仅仅是购买了 1.4 亿元的理财产品。对于一个上市企业而言，无贷款、无外债，最多挣了 1400 多万元的银行利息，在经营上是不是过于保守了？答案当然是否定的。谭传华坚定地对外宣传，谭木匠要打造成为一个百年老店。

01 “钱一多了心就乱了，就对梳子不感兴趣了”

谭传华的稳健战略，与其自身的创业经历有关。20 世纪 90 年代中期，失去右手的谭传华徒手做出第一把梳子，其后成功地进驻商场渠道，

这是谭木匠放弃木雕产品转型做更小木制品的一次大胆尝试。

可以肯定地说，此次几乎绝处逢生的尝试，使得谭传华在木制品细分领域有了更多的憧憬。在改善工艺，招工用人方面，谭传华亲力亲为，就这样，位于重庆万州的小企业谭木匠，就在谭传华的艰苦奋斗中，波澜不惊地、逐渐地成为一个不可忽视的重庆地方特色企业。

其中，谭传华的人生经历，又在给成千上万的创业者复盘一个残疾人白手起家的创业故事。例如，谭传华凭借自己借来的 29 万元开始创业，再后来突发奇想到《重庆商报》刊登广告，进而得到 100 万元的银行贷款，为日后扩大生产和提升品牌形象打下了坚实的基础。

根据谭传华接受媒体采访时的回忆，万州乃至重庆的人们，都不太敢相信谭传华仅仅凭借一把梳子就能够创业起家。

可是，奇迹总是垂青于那些敢想敢干的人。经过 10 多年的经营，谭木匠取得了不错的销售业绩。2009 年，谭木匠已在全国拥有 835 家加盟店，年中营收超过 6500 万元，并在当年底登陆港交所。

尽管如此，谭传华依旧没有大规模扩张的打算，也没有想过投资其他领域进行多元化经营。为此，《理财周报》李梅影以“这么多年一直专心做梳子，没想过投资其他领域进行多元化经营”为提纲采访了谭传华。

面对此问题，谭传华不讳言地回答道：

在国内的股票市场到 1000 多点的时候，我当时也有过动心的时候：要不要去拿一点钱做一点呢？我很有信心，我说肯定会再起来，而且肯定会赚，赚得还不错，但是我说算了，不要去做。我跟我们的财务商量，我们拿两三千万做一下，赚几千万肯定是没有问题的，但是赚回来怎么办？赚回来以后那一年的财务会很好看，你把股票卖了肯定好看，但是你后来怎么办？你后来就会不断地炒股票，后来你发现炒股票比做梳子赚钱赚得更多的时候，你是不是就越做越大？

钱多了怎么办？钱多了有的时候真的害人的，就把你的心抢夺走了。①

正是因为如此，谭传华才坚守梳子 20 年不变。在这 20 年间，谭传华只做梳子、卖梳子。当然，谭传华的坚持无疑会得到回报。

根据近两年谭木匠的财报数据显示，谭木匠的产品毛利率和净利率分别保持在 60%和 40%以上，营收和净利也十分平稳。2016 年，谭木匠实现营收 2.64 亿元，净利 1.14 亿元。

2016 年年报显示，谭木匠“梳子类”的实际产量达到 330.63 万把，“镜子类”产品实际产量 74.98 万只。

当年，仅单品梳子实现的营收就有 0.66 亿元，这还不含“组合礼盒”里梳子产生的收入，组合礼盒的营收为 1.95 亿元。

02 “仍然要专注于做木梳，暂时不会大规模进军家具业”

当谭木匠香港上市后，谭传华谈及谭木匠的未来称，暂不会进军家具业。谭传华说道：“我们的梳子一年的销量就是 300 万把，上市后公司仍然要专注于做木梳，暂时不会大规模进军家具业。”

尽管谭木匠目前是国内上市公司中唯一的一家木梳制品企业，但是在谭传华看来，专注木梳才能赢得顾客的认可。

①李峻岭《谭木匠：我是对钱最不看好的，钱一多心就乱》，《理财周报》，2010 年 1 月 11 日。

媒体报道称，喜欢谭木匠的顾客中，平均每人至少拥有两把谭木匠木梳，未来的市场空间还很大。上市后的谭木匠继续保持稳健发展的战略。

谭传华也有自己的期望——将谭木匠打造成国际木制家居饰品品牌。谭传华说道："我们的目标是做成全世界的一把梳子。"

在谭传华看来，只有专注，才能做成世界最好的梳子，别无他途。为此，我们来剖析谭传华接受《理财周报》的采访：

理财周报：募集了1个多亿资金，对这笔资金的运用有什么基本想法？

谭传华：全面提升品牌。谭木匠品牌在2000年提升了一次后，现在又该提升了，要让人感觉更国际一些，更时尚一些，更关注我们的消费者。

我们做的一个品牌调查发现，消费者不认为谭木匠的梳子在梳子行当里面是老大的地位，为什么不认可呢？是我们自己对消费者表述的时候可能有问题，从整体的策划、包装、店面到服务需要做体系性调整。

理财周报：从成长性考虑，有没有阶段性的规划？

谭传华：谭木匠上市后不会一阵狂飙飞奔，规划上坚持稳健发展。①

其后，谭木匠又接受《投资者报》的采访，当面对《投资者报》关于谭木匠投资价值的问题时，谭传华的回答非常简单——"专。"

在接受媒体采访时，谭传华向外界公开否认了谭木匠涉足家具市场

①李峻岭《谭木匠：我是对钱最不看好的，钱一多心就乱》，《理财周报》，2010年1月11日。

的传言。谭传华强调，在香港上市募集的1.395亿港元将全部用在深挖梳子市场上。

在这里，我们来回顾一下谭传华接受《中国经济时报》的采访。

中国经济时报：刚才两位老师都说了在当下的发展阶段“工匠精神”失传，虽然谭木匠还不是百年企业，但从走过的这24年我们可以看到，谭木匠的确是一直在坚持“工匠精神”，是如何做到的？

谭传华：不以金钱为衡量标准，无论外界环境如何变化，对自己做的事情，有高度的坚持和钻劲。诚实地去对待手上所做的事，尊重手上的活儿，做个对得起良心的手艺人。

最开始选择做这个行当的时候，谭木匠的目标就是想做一把好梳子，在香港上市以后，有很多机会涉足其他行业，也曾对房地产动过心思，对传媒、对乐器、对古典家具都做过尝试，但试来试去，还是认为做梳子才是本行。谭木匠定下目标，就做全球的一把梳子，就让这把梳子成为百年品牌。

谭木匠有个加盟商常大姐，她喜欢谭木匠的文化，申请加盟开店，因为条件不成熟一直未获通过，但她一申请就是十几年，终于如愿以偿开了两家加盟店，店开了，她也没闲着，观察产品、观察顾客，对公司配发的发刷和手珠的包装提出了不同的想法，并制作出来，公司也采纳了她的方案，这样做事的风格，跟谭木匠是相通的。①

关于未来谭木匠的发展战略，谭传华认为，专心做好“梳子”始终是自己坚守的企业理念。面对中国楼市的风风火火，谭传华并不否认自己当时也动心过。谭传华说道：“比如炒地皮，如果我拿两三千万去圈

①范媛《寻找失传的“工匠精神”》，《中国经济时报》，2016年4月11日。

一块地，尤其是几年前，随便哪里圈一块地都赚大钱了，这样赚的钱比做梳子赚的钱多数倍，但是我们都没有去做。原因是，钱多了心就乱了，就对梳子不感兴趣了，也违背了我最初做梳子的初衷。”

03 “一把梳子也可以做得很不错，其实靠的就是专注”

当媒体采访谭传华时，总会问起谭传华为什么会选择梳子作为创业项目，回顾自己为什么做梳子这个问题时，谭传华感慨道：“有时候是命运的安排。当时资金实力不够，我们毕竟起步太低，实际上谭木匠的案例对创业者来说有非常好的借鉴意义，我认为一把梳子也可以做得很不错，其实靠的就是专注。”

在谭传华看来，卓越的匠人都是精益求精和专注的，在谭传华的自传中，就有过类似的描述。

在众多的兄弟姊妹中，我与二哥谭传云的感情最深。我二哥如今的生意已经做得很大，但那时，他读书很不行，做事也很笨，特别是珠算，总是挨父亲的打。

有一次，我们家请了一位盖瓦匠师傅来我家捡瓦，农村的习惯是每年都要将瓦房顶上的瓦一片一片地揭开重新清扫一次然后再盖上，这个工作量不仅大而且要特别心细，否则就会漏雨。

盖瓦匠有 30 多岁了，才 1.2 米左右高，做其他什么都不合适，做盖瓦匠却是十分合适，在我们那一带小有名气。

那天，已上初中的二哥放学回来，母亲要他去房后的自留地栽二葵

（葵花）。二哥想：父亲在门前栽的那株梧桐树，不几年就长了几丈高。二哥就决定把二葵也当梧桐树一样栽，说不定今后长出一根根巨大的二葵树，结出一个个筛子大的二葵盘。于是他就挖了很大很大的一个坑，又去挑了两挑水，倒进坑里，然后再将泥土搅拌成泥浆……母亲很忙，一家十来口人的饭，养了一头牛和七八头猪，忙里忙外，也没留神二哥的胡搞。眼看太阳都落山了，满以为几十株二葵早栽完了，没想到二哥忙得满头大汗，连一株都还未栽完。

母亲不看则已，一看就急得骂了起来，说二哥摆花架子是不中用的东西！二哥却坚持自己有理，他要栽大二葵。这时，房顶上的盖瓦匠说话了："也是，这么大的孩子了，连栽个二葵都奈不何！"

二哥本想受到大人们的赞扬，没想到反而遭骂和讥讽，不禁顿时火起："矮窟隆（矮子），关你屁事，矮窟隆！"

乡下人敬重手艺人，二哥这话是绝对说不得的。母亲顺手抓了一根竹杆就打。二哥怕打，扔下锄头就跑，母亲紧追不舍，二哥东躲西藏。挨了母亲的打，二哥不敢回家。那天晚上，因为招待盖瓦匠，家里煮了米茶。

"米茶"是我们家乡的一种饭，做法是先将大米、绿豆等在锅里干炒，炒黄后加水煮熟，这种饭汤是汤，饭是饭，每到夏天吃到胃里非常爽快，心里特别舒服，在我们家乡，每逢夏天都要吃米茶。

在此段文字中，谭传华特此描述了如何招呼匠人的做饭细节，足以说明匠人在当地人心中的分量。

1993 年，谭传华销售一把梳子的价格是两元，因为才起步，工艺、材质都较为简陋，所以发展缓慢。

在这个过程中，谭传华却发现了木梳的市场潜力。其后，谭传华改

进了木梳的工艺，到了 1997 年，谭木匠最贵的梳子价格已经达到 48 元，最终获得了市场认可。

当然，当梳子质量越做越好后，其各项成本无疑就会提升。目前，谭木匠梳子单品的平均价格是 70~150 元，礼品盒平均价格在 250~300 元。①

尽管如此，根据招股说明书，谭木匠过去 3 年的毛利率均约为 60%，净利润率则从 23.8%到 38.6%不等。

在谭传华看来，尽管很多人不看好梳子市场，但是谭传华却非常看好这块蓝海市场，谭传华认为，这块的消费潜力还是很大的。谭传华说道：“这是一个缝隙市场，很小很小的一个领域，如果说一个领域都说不上，就是一个豆芽儿的市场。但是对于谭木匠来讲，它是一个大市场，因为虽然小，但是由于在这个行业里的企业不多。应该说目前来讲，竞争还没有形成。”

为此，谭传华通过特许加盟的形式发展谭木匠，目前已在全国拥有 1000 多家加盟店。在 2009 年上市时，谭传华在招股说明书上写明了有关风险的因素：“本集团的营业额主要来自其对特许加盟商的销售。鉴于无法保证特许加盟商订单的多寡，故令经常性收入基础不稳。”

对此，谭木匠投资关系经理苏建平解释称：“第一，谭木匠有一个很先进的物流配货系统，每一个店里都装了 POS 机，就是终端的销售系统，每一个店当天的零售额公司总部都知道，就能够很好地以销定产；第二，自从谭木匠从 1997 年开始开第一家店、1998 年开始特许连锁以来，发展一直很健康，这么多年来谭木匠专卖店的存活率在 95%以上，因此他们没有理由不来订货，对商人来说这是一个赚钱的生意。”

在苏建平看来，专卖店的高存活率依赖于高利润。根据招股说明书，

①李梅影《谭木匠今年拟开 200 家 酝酿进军海外市场》，《投资者报》，2010 年 1 月 11 日。

谭木匠 2007 年和 2008 年营业额分别为 12320 万元、10870 万元，毛利分别为 7390 万元、6100 万元，毛利率分别为 60%和 56.2%，纯利率为 33.7%和 23.8%。2009 年上半年财报显示，谭木匠的营业额达到 6521.7 万元，其中销售成本仅为 2680.8 万元，毛利多达 3840.9 万元。[①]

①李梅影《谭木匠今年拟开 200 家 酝酿进军海外市场》，《投资者报》，2010 年 1 月 11 日。

第三节 谭木匠 VS 老干妈：做本行，不跨行

在中国企业界，除了谭木匠，坚守本行的企业还有贵州的老干妈。在老干妈创始人陶华碧看来，只有坚持做本行、不跨行，才能打造成为百年老店。

陶华碧在接受媒体采访时说道：“我做本行，不跨行，就实实在在把它做好做大、做专做精。这也做那也做，你哪有那么多的精力？”这样的话语虽然朴素，但是却很实在管用。

01 不要去贪大，要先把自己做强

在老干妈的发展中，同样经历了中国诸多创业者的困难和挫折，特别是陶华碧，因为丈夫去世后，不得不挑起养家育儿的重任，其艰难是难以想象的。不过，正是这样的经历，让陶华碧深知创业之艰难，在发展老干妈这个企业的同时，也尽可能多地避免老干妈这艘大船倾覆倒下的事情发生。

为了让老干妈这个企业稳健地发展下去，陶华碧始终坚持不要去贪大，要先把自己做强。为了揭开老干妈为什么专注的问题，凤凰网资讯以“也有很多企业做大做强以后，开始走多样化，涉足最赚钱的行业。

你们有没有心动过？”的问题采访了陶华碧的小儿子李辉。

李辉坦言，涉足赚钱的机会是很多的，也包括官员的推介。李辉介绍说：“七八年前，就有官员说让我们走多样化，比如可以做些房地产。但是我母亲坚持不做。如果当时做了，今天钱可能不是问题，但辣酱还能不能走到今天就不好说了。我母亲说，不要去贪大，要先把自己做强，吃的东西祖祖辈辈都可以延续下去。”

在陶华碧看来，贪大会影响老干妈的未来，坚持“有多大能力做多大事情”，集中精力研发辣椒酱产品，“吃的东西祖祖辈辈都可以延续下去”这样的经营风格是打造百年老店的基础。在中华老字号中，经营食品和药品的占了很大比重。民以食为天，人们对食品和药品的安全、可靠度十分关注。注重诚信、关注民生的经营文化就成为经营食品和药品的老字号的突出特点。①

来自北京“老字号”影响力调查数据显示，在消费者最喜欢的老字号品牌前 10 名（全聚德、稻香村、东来顺、同仁堂、六必居、吴裕泰、张一元、馄饨侯、王致和、西单商场）中，食品和药品就占了 9 家，并且排在前 9 位。

在这些老字号中，一个典型的特征就是具有特色的经营。老字号虽然大多身处商业、餐饮、服务等进入门槛较低的行业，但是却能够在激烈的竞争中脱颖而出，关键在于其拥有难以复制的核心竞争力，表现在独特的产品配方、技术、手艺等方面，而且能够在保持传承的前提下，最大限度地防范核心技艺的扩散，构筑起了企业无法超越的竞争壁垒。如北京老字号中，便宜坊的闷炉烤鸭，全聚德的挂炉烤鸭，清华池的修脚技艺，同仁堂的安宫牛黄丸、大活络丸、牛黄清心丸、紫雪，长春堂的避瘟散、无极丹，东来顺的涮羊肉，王致和的臭豆腐、酱豆腐，同和

①王成荣，李诚，王玉军《老字号品牌价值》，中国经济出版社，2012 年版，第 100 页。

居的宫廷菜肴，仿膳饭庄的御膳，牛栏山的二锅头，吴裕泰的茉莉花茶，鸿宾楼的全羊席，月盛斋的酱制羊肉，天福号的酱肘子，一得阁的墨汁，戴月轩的湖笔等。老字号传承的特色产品和技艺很多至今仍是老字号的看家法宝。[①]对于新创建的老干妈来说，只有秉承创业初期的这种匠人精神，才能把老干妈打造成为一个名副其实的百年老店，把"吃的东西祖祖辈辈都可以延续下去"。

02 滴水成河，把一个行业做精

在老干妈的发展过程中，陶华碧就选择了"滴水成河，把一个行业做精"的经营策略。陶华碧说："我做本行，不跨行，就实实在在把它做好做大、做专做精。这也做那也做，你哪有那么多的精力？我一心投入辣椒行业，越做越大，而且要做好。钱再来得快，也不能贪多。滴水成河，把一个行业做精。我们利很薄，就靠量，薄利多销。靠暴利那是不行的，滴水成河、粒米成箩。"

在此基础之上，陶华碧在做强老干妈过程中，始终清楚在经营中必须坚持有所为和有所不为。陶华碧在公开场合所言的"有多大能力做多大事情"这样的指导思想自然会影响老干妈的企业战略。

在整理老干妈的资料时发现，陶华碧这样崇尚实业的企业家在贵州省可不算多，很多企业家都在强调多元化，强调政商关系，强调资本经营。而陶华碧却始终坚持"不贷款、不融资、不上市"，似乎与当下浮躁的情绪格格不入。

在一些媒体的报道中显示，贵阳市政府也多次期望老干妈能够融资、

①王成荣，李诚，王玉军《老字号品牌价值》，中国经济出版社，2012年版，第100页。

多元化，以做大老干妈来拉动贵州的影响力。在政府的介入下，必然会给老干妈诸多的，如银行贷款、土地优惠等政策。特别是期望老干妈也能涉足贵阳超大盘的楼市建设。在当下，房地产可谓是赚快钱的项目。

面对如此多的诱惑，陶华碧始终没有动摇，她坚持稳健的企业发展战略，坚持自己的选择——做本行，不跨行。用陶华碧的话说就是“我只晓得炒辣椒，我只干我会的”。陶华碧懂得，只有放弃房地产、新能源项目，才能做专做精，即使是食品行业的果蔬罐头、豆瓣酱品类也没涉足。

在陶华碧看来，做强就犹如挖井一样，不在于有多宽，而在于有多深。只有坚持挖一口井，挖到水是必然的，如果贪大，遍地开花，必然是挖不到水的。就像漫画《挖井》一样，尽管带有戏谑的意味，但是却击中要害——很多企业家到处挖坑，但每个坑都很浅，并没有挖到消费者的心里去，结果因为没有源源不断的现金流而倒闭。

为此，陶华碧却反其道而行之，始终坚持“有多大能力做多大事情”，集中精力研发辣椒酱产品。迄今为止，老干妈的产品只有不到20个单品，在老干妈风味产品中，只有风味豆豉油制辣椒、红油腐乳、火锅底料、油辣椒、香辣脆油辣椒、香辣酱、辣三丁油辣椒、干煸肉丝油辣椒、精制牛肉末豆豉油辣椒、肉丝豆豉油辣椒、风味鸡油辣椒、风味糟辣椒、风味水豆豉等产品。

“老干妈”的产品，陶华碧都专注在辣椒调味品上，几乎都和风味、豆豉、辣椒、香辣这几个关键词相关，把辣椒调味品这一块做深做透，几乎没有任何一点超格的产品延伸。这与事实上的“品牌经理”陶华碧“不畏艰难执着于想做的事”分不开。[①]

①中国经营网《“老干妈”是如何炼成的》，http://www.cb.com.cn/companies/2014-04-10/1053345.html。

第六章
贴近顾客

时代在变化，丢弃素养、越过底线在如今比比皆是，实事求是地说，现在很多手艺人已经难于安心做个真正的手艺人了，而更喜欢做个商人，挂着匠人的招牌做着名不副实的产品，实则是丢了自己最宝贵的东西，也丢了工匠的快乐。

——谭木匠创始人 谭传华

第一节 谭传华与谭木匠的匠人精神

谭木匠之所以能够赢得顾客的认可，是因为谭传华的匠人精神。为此，谭传华在接受媒体采访时说道："时代在变化，丢弃素养、无底线而今比比皆是，实事求是地说，现在很多手艺人已经难于安心做个真正的手艺人了，而更喜欢做个商人，挂着匠人的招牌做着名不副实的产品，实则是丢了自己最宝贵的东西，也丢了工匠的快乐。"

在谭木匠看来，很多企业之所以被顾客抛弃，是因为他们丢掉了匠人精神。只有坚守匠人精神，才能更好地贴近顾客。

01 诺基亚销售的不是情怀，是匠人精神

当诺基亚重返中国大陆市场时，一些诺基亚的忠实用户一度用情怀来缅怀这个曾经给他们留下丝丝记忆的品牌，在这些用户看来，他们购买诺基亚的理由就是匠人精神。

国务院发展研究中心企业研究所办公室副主任、研究员马淑萍在接受《中国经济时报》采访时坦言："中国在明末清初，工商业发达的江浙一带有大量的中小企业，也曾拥有'匠人文化'。但后来由于战争，尤其是'文革'运动，破坏了匠人文化，经济社会转型过程中，出现了急

功近利和机会主义倾向。企业官本位主义严重，特别是国企讲行政级别，专业技术人员的地位没有管理人员高。这些均不利于匠人精神的发挥。我国实现了经济高速发展，目前经济发展已进入新常态。我们很多产业规模做到了世界第一，但我们产品质量提升的空间很大，自有技术还不够多。我们目前缺少匠人精神。”①

基于此，浮躁而激进的经营风格往往容易得到资本的认可，这就使得匠人精神往往容易丢失。在情怀遍地的当下，我的好友、媒体人周云成就谈到过：

近几年来，每一家传统企业都在思考同一个问题：辛苦经营多年的“核心竞争力”为什么突然失去了后劲，被一帮互联网企业从身后追上，然后又被远远落下？

是互联网思维在作祟吗？不然兢兢业业几十年，为何抵不过互联网新秀们上市的那一声钟鸣。但互联网思维却又如一缕薄雾，看上去真真切切，就是抓不到手里，更用不到传统企业的实践中来。抛却过去的行业，转向高毛利、高估值的互联网领域，似乎成了融入互联网潮流的唯一途径。

仔细一看，我们会发现：P2P 撬动了利率，但从未改变金融业核心的风险管理；打车软件盘活了资源的空闲价值，但仍然无法取代开车的司机；不管手机再怎么智能，它都离不开生产流水线，进入全新的自我复制时代。2014 年，最赚钱的金融机构依然是工商银行而不是陆金所；我们依然住在万科的房子里，而不是万科的云里；我们在携程上买了票，还是要去搭国航的飞机。

传统行业里那些艰涩的商业规则，从来没有被互联网思维取代。相反，伴随着互联网从“行业”变成“工具”，越来越多的传统企业开始享

①范媛《寻找失传的“工匠精神”》，《中国经济时报》，2016 年 4 月 11 日。

受到互联网技术的红利。苏宁开始攀上云端，荣昌洗衣变身为e袋洗，传统企业与互联网企业的区隔正在消失。

过去，传统企业犹如跑在乡间公路上的奥迪，再怎么使劲，也跑不过高速公路上的奥拓。问题的根源不在于自身，而在于选错了竞争的赛道。现在，两条赛道中的隔离带正被“互联网+”拆除。传统企业要转型，不是要把自己变成互联网企业，而是要把奥迪开到高速公路上去。

正如蒸汽和电力一开始并没有成为通用能源，互联网技术同样经过了从“行业”到“工具”再到“能源”的过程。无论能源形式如何变，消费者还是要购买产品与服务，无非是产品、服务的质量提高了，背后的链条减少了，环节缩短了。①

在周云成看来，要想赢得竞争，必须建立在提高产品、服务上。基于此，作为谭木匠总指挥的谭传华，面对诸多诱惑，毅然用心做一件产品——“做世界最好的梳子”。

这就是为什么谭木匠产品能够经久不衰的一个关键点。与之形成鲜明对比的是，谭传华专注的匠人精神反倒成了一件奢侈的事情。究其原因，一个中国企业围绕一把木梳花了整整20年时间，不断地打磨和沉淀，拒绝来自资本市场，以及浮躁的多元化战略，必须拥有匠人的诚实和用心。

2016年4月27日，谭木匠以自己特大号的中文LOGO参展中国香港会展中心。让媒体和研究者惊诧不已的是，谭木匠这个来自中国内地的手工艺小木制品品牌，竟然在第三十一届香港礼品及赠品展超过4300家参展商中，绝无仅有地使用中文LOGO“谭木匠”，不仅显示自己作为匠人企业的新颖设计，同时也是作为匠人企业家的自信度爆棚。

---

①周云成《跳出传统赛道》，《商界评论》，2015年第8期。

02 谭传华的匠人精神得到国际市场认可

众所周知，对于任何一个中国企业来说，海外市场一直是其重要的发力点。2016 年 4 月，参加香港会展中心国际展会的谭木匠，出现在最醒目的展位上。

此次参展，谭传华有自己的考量，那就是致力于将中国传统的手工艺文化推向全球。为此，谭传华较为高调地展示了国际大师最新设计的"生漆梳苹果"、全球设计大赛头奖"荷塘月色"、云马设计系列、自主团队研发系列…… 近 60 款经典产品。

不仅如此，在布展方面，谭传华更是精益求精——古色古香又不失简约时尚的新 LOGO，以及高铁二代店铺的新形象。

此次参展，谭传华再次向海外市场发出了强有力的进攻信号。在谭传华看来，自己可以创造出拥有中国独特文化气质的高端生活品牌。大量事实证明，一度让中国人引以为傲的"中国制造"最近几年成为新闻界，尤其是西方媒体诟病的热门话题。在玩具召回和食品安全等事件之后，不仅引发了一系列关于"中国制造"的大讨论，而《华尔街日报》更是用"危机"来描述"中国制造"遭遇的困境。

"中国制造"为什么会遭遇这样的危机呢？主要的原因是，从事制造业的人只想着赚快钱，为了取得订单而竞相压价，结果为了盈利只能偷工减料。在面对国际市场时没有定价权，而且有一种"我得不到的东西你也别想得到"的心态。[①]而正是这样的心态，让"中国制造"陷入重重危机之中。

①刘方平《为什么几十年来"中国制造"质量越来越差?》，http://www.leiphone.com/why-made-in-china-become-worse.html。

据法国市场调查公司 Ipsos 展开的调查结果显示，中国人最物质至上，同意“我用拥有的东西衡量成功”这一说法的比例竟然高达 71%，详情见图 6–1–1。

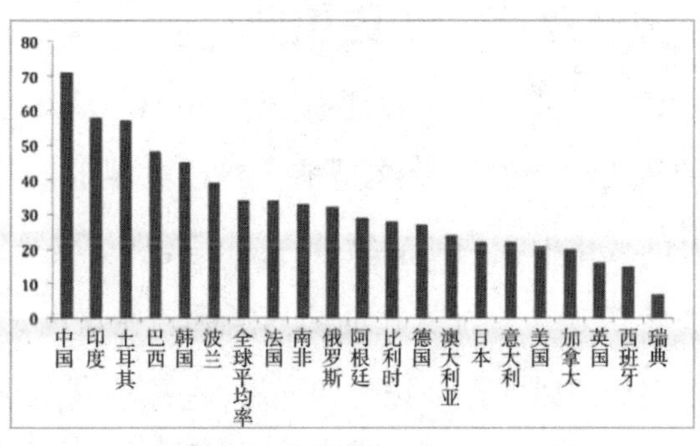

图 6–1–1　中国以 71% 的比例高居榜首

这组数据说明，“中国制造”被国际市场贴上“廉价、质量差”的标签，尽管如此，谭传华的手工艺木梳却坚守多道工序，潜心耕耘，不仅做到款式新颖，同时也做到保证质量。

公开资料介绍，由中国香港贸发局主办的香港礼品及赠品展，是全球同类展会中规模最大的展览，具有风向标的作用。

为此，谭传华以中国香港 4 家门店作为国际化的桥头堡，过去几年，谭木匠已在新加坡、加拿大布局 3 家门店，又在瑞士和英国发展了独家代理商，在日本、韩国、德国、阿联酋及中国台湾发展了经销商。

据谭传华介绍，此次参展的效果较为显著，与来自法国、沙特等地的经销商洽谈合作事宜。当然，谭木匠木梳之所以能够赢得国际市场的认可，是因为谭传华的匠人精神。

在一把木梳背后，不仅是中国匠人基因的手工技艺，同时也展现了华人世界的重要文化意象。不仅如此，2016 年以来，匠人精神成为中国国家领导人以及媒体多次提及的战略思维。如果没有匠人精神，谭传华是很难围绕“诚实劳动快乐”的企业价值观实践 20 年。更为艰难的是，谭传华用心坚持做木梳产品，一做就是 20 年，这实属不易。

03 用心做产品比炒作更重要

在谭传华的世界里，匠人始终是植入自己灵魂的。从“我善治木”到“我善治本”的变化中我们就能领会一二。其改动虽然只有一字之差，但却是一个企业价值观与思维方式的境界跃升。在这里，我们来回顾谭传华在接受《中国经济时报》采访时的回答：

中国经济时报：我知道您的家人、朋友都称您“木匠”，您也是一直把自己当成手艺人，您怎么理解“工匠精神”?

谭传华：我们这些与木头打交道的手艺人整天忙于手艺，在接受采访前对“哪种精神”都无意识，不过我个人理解所谓的“工匠精神”，在谭木匠只是一种职业素养：最重要的是手艺。钱很重要，但手艺做不好，内心会很不安。20 多年前，在猪圈里诞生了谭木匠，在刚刚打开市场、资金还很艰难的情况下，毅然含泪一把火烧掉了 15 万把自检质量不过关的梳子。这 20 多年来，我们也是一直坚持把手艺做好，正是这样的坚持滋养了谭木匠的气质。这种“不安”，也不是谭木匠独有的，只是在眼下的时代，它显得太稀有了。①

在 2016 年香港展会上，谭木匠的新形象、新产品、新路径就是其具体的展现，也是谭传华经营核心思想所在，不管顾客消费如何变化，极致的消费体验始终能够赢得胜利，关键是如何洞察和把握新消费趋势。

---

①范媛《寻找失传的“工匠精神”》，《中国经济时报》，2016 年 4 月 11 日。

在当下的互联网+时代，对于任何一个企业来说，哪个企业能够赢得用户，哪个企业就拥有未来。

企业家追求“极致”的用户体验，其目的是为了企业得以更为长久地存续，即基业长青和永续经营。从这个意义上讲，产品的极致体验不仅关乎产品，更关乎哲学。

在这个快速发展的时代。许许多多的、一夜成名的神话刺激着企业家们创造更为卓越的伟大产品。在诸多希望背后，“骨感”的现实往往又把可能的“美好”毁于一旦。

事实证明，无数的明星产品都在历史长河中诞生，竭尽所能地关注其用户体验，寻求最大化地满足用户的需求，其中也不乏一些朴实甚至笨拙的产品正在挑战用户的感官。

我们不能因为产品朴实甚至笨拙就否认其经营策略，他们同样也是为了企业生存。正因如此，以苹果公司为代表的企业，追求技术和人文完美的结合，赢得了无数用户的点赞，而另外一个代表——微软，通过不断地完成新版、发布补丁垄断世界80%以上的桌面操作系统市场。

然而，在互联网+时代，似乎极致的产品策略更符合用户的心理追求——技术和人文。基于此，在互联网思维下苹果海量销量说明，史蒂夫·乔布斯倡导的极致时代已经来临。

基于此，乔布斯的极致主义解释了谭传华的匠人精神，因为匠人精神所体现的就是精益求精和极致。

在“2016年香港礼品及赠品展”参展期间，作为港股上市公司，谭传华积极主动地召开了一场“香港投资者沟通见面会”，吸引了众多关注谭木匠的投资者参加——他们大多不仅是投资者，还是谭木匠的忠实用户。

此次沟通会中，一个最耐人寻味的问题被提出——“未来谭木匠如何提高市占率，突破3亿销售瓶颈?”

的确，除了新一代，存量市场开发一直是谭木匠发展战略的重要抓手。谭木匠投资者关系经理谭尧却讲述了这样一个“完美主义的错误”：

多年来，谭木匠致力于从街边店转型升级进驻购物中心，却不得其门而入。原因很简单，以万达广场为例，谭木匠延续多年的门店形象一直不被接受。改？当然要改。早在10年前，谭木匠就邀请国际知名设计师为之设计新形象。但是为什么迟迟没改？因为太追求完美，10年来，众多大牌设计竟一直入不了谭木匠法眼!即便他们设计了一套又一套的方案。

从谭尧的介绍中可以看到，谭传华用对艺术品的态度对待一把梳子，用对待艺术品一样的态度对待谭木匠的LOGO和VI系统，这更体现了谭传华坚守20年的匠人底蕴和人文气质。

客观地讲，在物欲横流讲究迅速变现的商业世界，那些追求“短、平、快”的企业家们始终没有明白自己失败的关键，因为匠人精神不仅仅是出于当初自我认可的一种情怀、道德和操守，更是现代工业文明大规模制造所欠缺的。

为了使得谭木匠的品牌形象更极致，2015年底，谭传华最终确定新LOGO和高铁二代店铺的新形象。多年的厚积薄发，如今已经势如破竹，靓丽的谭木匠新门店迅速拓展到购物中心、机场和高铁。

为此，《南都周刊》曾报道：“做什么，爱什么，才会敬畏什么。这是一个最好的时代，也是一个最坏的时代，最需要做到也最难做到的就是守住本心。没有夸夸其谈，没有华丽包装，没有广告营销，只是默默地把该做的事情一件一件用心做好，这就是谭木匠的诚实。”

第二节 “我善治木”VS“我善治本”

反观谭木匠的发展史不难发现，“我善治木”这4个汉字，曾是谭木匠VI形象系统中一个非常耀眼和颇具冲击力的醒目字眼，甚至已经成为谭木匠的一个展示自己文化底蕴的品牌标志。

不过，细心的顾客已经觉察到，谭木匠已经从2015年开始，启用了新的门店系统。“我善治木”这4个汉字发生了一处小小的改动：“木”字上悄悄加了一横，变成了“我善治本”。可能顾客不知道的是，尽管只有一横之别，却是两重不同的经营境界。

根据谭木匠官方的解释是：“木和本，一个是术，一个是道。我善治木时代的谭木匠以匠人精神打磨产品，而我善治本时代的谭木匠，更加注重事物表象背后的规律，不断地去触摸本质和内心。比如一把梳子，看得见的它是一种具备工具属性的物件，看不见的则是它同时也是一种情感的流淌和表达。”

在谭传华看来，做产品是一重境界，做情感、文化、生活方式又是一重境界，哪一个更持久、更强大，答案很明显。

01 从“我善治木”到“我善治本”

在短期利益的驱动下，很多企业总是选择性地忽略商标的保护和战略布局，等到自己割地赔款还是阻止不了商标落入别人口袋时才后悔不已，此时再想亡羊补牢为时已晚。

从这个角度来分析，品牌是什么？不仅仅是一款产品，更是一种底蕴和产品文化。谭传华坦言：“谭木匠真正的价值不是这把梳子，也不是多少亿的市值，而是谭木匠工厂里的那群残疾人员工，让他们做出世界上最好的梳子，这才是谭木匠这个品牌真正的价值。”

在谭传华看来，“企业刚开始都是逐利的，因为要生存下来，所以没有精力顾及其他，但一旦有了利润之后，就要把逐利的心态退到第二位，去做一些有意义的事，这样你就不会陷到商业规则之中，企业发展反而更从容。”

谭传华这句话的言外之意就是，一个企业只有找到超越赚钱之外的存在意义，才能走得更远。这可能就是谭木匠的经营哲学：“谭木匠是一把梳子，又不仅仅是一把梳子；谭木匠是一个人，更是一群人。”

的确，谭传华不管是在员工、加盟商的管理上，还是跟顾客沟通方面，一直都很注重企业文化和价值观的塑造和传递。

2007 年，谭传华开始启动在全国 1000 多家谭木匠专卖店“给妈妈梳头”的活动，该活动的初衷就是传递谭木匠的孝心和感恩。

1995 年，谭传华曾火烧 15 万把质量不合格的木梳，当时曾有批发商以 30 万元购买，谭传华毫不犹豫地拒绝了。

30 万元对于当时创业初期，资金窘困的谭传华而言，无疑充满着诱惑。这正是谭传华的过人之处，也是谭木匠向外传递的企业文化，因为在镀金时代，坚守自己的信仰，才是令人信服的关键，才会真正赢得合作伙伴和顾客的认可。

事实上，在当下物欲横流的镀金时代，尤其是当下的互联网+时代，产品的工具属性逐渐让位于情感价值，有态度、有温度、有人格的产品才能俘获消费者的心。如果从此角度来讲，谭传华增加的这一横可谓是恰到好处。

为此，《销售与市场》杂志社记者寇尚伟撰文写道："在研究谭木匠这个商业案例之前，有一个问题一直吸引着我：一把小木梳做了二十几年不改初衷，并且期间还经历了中国股市、楼市的大开大合而不为所动，谭木匠的战略定力究竟来自哪里？现在终于有了答案，那就是'回归'，不断地推翻自己，回到初始的地方，以'小公司'的平和心态对抗浮躁。"

寇尚伟的理由是："不管外界怎么质疑，走下 43 楼的谭木匠已经获得了新生。2016 年中国品牌价值 100 强研究报告在美国波士顿揭晓，谭木匠以 2.95 亿元的品牌价值首次上榜。而其刚刚公布的上年度年报则是对外界质疑的最强回应：自 2016 年 12 月，其营收已经止跌回升，实现同比 1.24%的正增长，而这是在减少 95 家店的情况下取得的。"

02 "治木"到"治本"的变化

如今的谭木匠，已经融入江苏句容。谭木匠的新办公楼无疑是这场变革的见证者，究其原因，一场管理的破旧与新生似乎完成了，目前已经进入良性循环状态。

可能读者会好奇地问，谭木匠为什么会在前几年发生浮躁病？这个源于谭木匠的战略。2009 年 IPO 之前，为了完成上市等筹备工作，

财务部的工作人员扩充了1倍多，从原有的4人，拓展到后来的9人。与此同时，在此期间，谭木匠还引进了大量有经验的行业老人和职业经理人。

这样的逻辑是非常合理的，西方的企业，人数动不动就上万，但是大企业病也就如影随形，即人多了，管理自然就变味；倒是小企业，虽然人少，但是工作有激情。

华为创始人任正非曾经告诫华为人说道：“猪养得太肥了，连哼哼声都没了。科技企业是靠人才推动的，公司过早上市，就会有一批人变成百万富翁，千万富翁，他们的工作激情就会衰退，这对华为不是好事，对员工本人也不见得是好事，华为会因此而增长缓慢，乃至于队伍涣散。”

与谭木匠同期创业，又成长为巨无霸的中国企业可谓不少，光互联网行业就有像阿里巴巴、腾讯，都经历了员工人数由少到多的变化，为什么阿里巴巴和腾讯能够在做强做大过程中保持持续竞争力，怎么谭木匠的员工人数才过100就开始出现大企业病呢?

答案就是谭木匠缺乏把价值观变成行为准则的企业文化。在互联网上，流传着这样的说法——一个新员工被腾讯录用后，立刻觉得自己加入了“用户体验神教”的组织，该员工面临的底层咒语只有“用户体验”一条。如果该员工被阿里巴巴录用，他将面临的咒语就是“帮用户做生意”。

相比阿里巴巴和腾讯，谭木匠的员工，尽管都能说出“诚实、劳动、快乐”，但是怎么样把该价值观变成行为准则，以及起到具体的指导工作意义，或者哪些能做、哪些不能做？似乎没有一个员工能够准确地说清楚。

作为新加盟谭木匠的员工，既没有经历谭传华昔日的艰苦创业，又没有作为老板的胸襟，不可能对谭木匠和其产品有过多的情感聚焦。

当员工人数较少时，这些员工能够从创始人身上感受到企业行为准则的正能量。一旦新员工越来越多，单纯靠创始人行为力影响的范围和效果无疑就越来越差。

如今的谭木匠，已经完成了自身的管理优化，但是日后还会继续长大。尽管搬迁到江苏句容，刚到时，其团队不过30余人，但是人员的不断扩张是必然的。如果仅仅凭借创始人的行为力，依靠开放，能够让站在最外层的员工也明白谭木匠的行为准则，这需要一个规则的重建。

基于此，谭传华在2015年底，再次启动了企业文化的变革引擎。谭传华在“我善治木”的“木”字里，悄悄加了一横，变成了“我善治本”。

谭传华这样做，是有其针对性的，从“治木”到“治本”的变化，谭传华就跨出了自身的产品型企业家的思维模型。

“治木”关注的是工艺、成本、流程，是生产、运维、销售上的成本环节。

“治本”关注的是用户体验、员工成就，是人的价值满足与自我实现。

此次变革，谭传华意识到，作为谭木匠企业文化的经营理念，不仅需要“诚实、劳动、快乐”如此人人都能够记住的价值观，同时更需要一套能够把“诚实、劳动、快乐”的价值观变成实际工作中的价值准则。

一旦该价值准则足够清晰，很显然，谭木匠的管理层，乃至每个员工，都会根据同样的价值准则去将工作执行到位。

可以肯定地说，谭传华已经意识到，做大谭木匠的过程中，解决其问题已经不可能通过把谭木匠变小来解决。在谭传华看来，只有清晰的价值准则，才能让公司摆脱对长大的恐惧。[①]

---

①王宇航《谭木匠：一个上市公司的管理重建》，《商界评论》，2017年第8期。

第三节 让谭木匠重新引领行业设计

纵观中国历史不难发现，不管是商鞅变法，还是王安石变法，抑或是戊戌变法，几乎所有的变革都是建立在流血牺牲基础上的。

即使在企业经营过程中也是如此。当我们再次审视谭传华的此次谭木匠总部搬迁，其悲壮的氛围犹在，真乃"风萧萧兮易水寒，壮士一去兮不复还"。

当然，这样的悲壮被媒体解读为壮士断腕，因此也付出了极为惨痛的代价。据谭木匠控股有限公司对外发言人谭尧介绍，此次搬迁，谭木匠流失了一大批优秀员工，尤其是研发部的全军覆没给企业造成了重创。

这意味着，谭木匠完成搬迁后，面临吸引和留住人才的问题。为此，谭木匠也尝试从高校重新招聘人才，但是这样的人才不会留在句容这种小地方，往往是来一批，又走了一批，谭木匠最后沦为了毕业生实习基地。

在过去的1年多时间里，谭传华一直被这种恶性循环困扰着。众所周知，对于木制工艺品而言，产品的研发设计至关重要，没有研发设计就等于自废武功，更谈不上竞争力了。

这样的现实就是导致谭木匠搬迁后业绩下滑的主要原因。此刻，摆在谭传华面前的问题是，研发人才的流失已经将自己逼上了绝路。不得已，谭传华只能凭借与外部研发团队的合作研发，例如，谭传华与中国香港、中国台湾以及德国等的设计师合作研发。但是这些外部设计师的设计费用极高，无疑给谭木匠增添了巨额的运营成本。

01 更加开放的设计心态

为了解决研发和设计问题，谭传华启动了“梳子设计大赛”。公开资料显示，“梳子设计大赛”的最初想法，是谭传华的两个儿子想到的。

究其原因，谭传华的两个儿子都是伴随网络成长起来的年轻人，即使吃饭、购物等都是通过互联网解决。

基于此，作为父亲的谭传华吃过常人没有吃过的苦，自然很想让他们帮忙做点事情。由此及彼，他想到了其他遇到同样问题的父母，出于一个父亲的心情，他想帮帮这些父母和孩子，想给他们提供一些实现自身价值的机会，“梳子设计大赛”的初衷就是这样来的，没想到竟一举成功。不仅一举解决了研发问题，而且还带来了意外收获——通过这群 80 后、90 后设计师拉近了与年轻消费群体的距离，起到了很好的品牌公关效果。

大赛举办两年来，共吸引了超过 2700 多名设计师的参与，收到的作品多达 3000 件，其中有 34 件作品被成功地投放市场。

举办设计大赛，不仅可以解决谭木匠的产品设计问题，同时还可以招揽一批散落在民间的优秀设计师，比如第一届大赛中，一位 90 后设计师就有 7 件作品入围，其中一件还获得了年度大奖，一人独得 17 万元奖金。

让人吃惊的是，该设计师竟然自学成才。可以肯定地说，谭木匠的“梳子设计大赛”，为优秀设计师提供了一条把理想变为现实的途径。为此，谭传华之子谭木匠总监谭力子在接受《创意世界》的采访时说道：

创意世界：目前谭木匠网站上有设计作品征集活动，做得很活跃，获奖作品是否会用于生产？有什么初衷？

谭力子：今年谭木匠做的设计创意大赛将会是一个于公司于社会于设计师都非常有益的活动，为“中国创造”做一些企业力所能及的事情。目前创意设计征集活动也已经进入第三期。设计大赛会给爱好设计的人士提供一个创作的机会，以及将创作变成产品，并利用谭木匠 1400 多家专卖店和线上官方旗舰店进行市场检验。

对于获奖作品，我们会生产 300 件提供给谭木匠 300 家 A 级专卖店做展示并销售，即每个店只有一把，如果反映很好，会做大量生产。

我们不希望好的创意进入写字楼就被禁锢、被抹杀。公司做这个活动的目的，首先是为公司征集更好的设计，同时为对谭木匠产品设计有创意的人提供一个顺畅而自由的通道，也是给喜欢宅在家里工作的人一个参与社会设计的机会，体现他们的价值。这个活动将会是长期性的，每月评出 3 个 1 万元的创意设计，每年会评出 3 个 10 万元的设计大奖，相信这对公司与社会都是非常有益的一件事。

目前，谭木匠已经跟六七位这样的社会设计师签约合作。不可否认的是，随着谭木匠设计大赛的持续举办，设计师资源将越来越丰富。《销售与市场》杂志社记者寇尚伟撰文指出：“在我看来，谭木匠最近几年最大的战略转变就是由封闭走向开放，在过去，谭木匠对很多人而言更像是一个谜一样的存在，没有明星代言，没有广告宣传，外界对他的了解仅仅是通过其遍布全国的街边店。这两年，明显感觉到谭木匠对外开放的强烈意愿，无论是梳子设计大赛、木梳彩绘大赛还是给妈妈梳头活动，都是这种转变的体现。以前是自己玩，现在更倾向于带大家一起玩。”

事实上，谭木匠举办的，不管是设计大赛，还是其他大赛，都是在让顾客积极“参与”。很明显，谭木匠也感受到了互联网对传统零售的冲击，正在努力打破自身的封闭，以更加开放的心态来拥抱这个时代。

02 重启设计部

当谭木匠搬迁到江苏句容时，谭木匠只剩下三十几人的经营团队。再次搬迁中，虽然谭传华提供了“涨薪+补贴”的优厚待遇，但是由于两地分居、父母儿女的责任等原因，随行来的老员工也陆续离职返回重庆。

后来负责设计的柴伟，也面临同样的问题，在入职时，柴伟原本是求职美工。刚上班不到 10 天的柴伟，甚至还没有设计出任何一把梳子，就被急匆匆地调到运营的岗位上。此次调动的理由，就是运营缺人。

就这样，柴伟从一名美工，变成了如今的运营者。岗位的变化，让柴伟不得不重新开始，从上架新品开始，客服，零售，询价……每一个运营要做的事情，柴伟都必须从头到尾地学上一遍。

当柴伟摸爬滚打两年后，对运营可谓是志得意满。此次高层领导又把柴伟叫到会议室，再次变动柴伟的职务，此次是设计部人员不够了。

当谭木匠搬到江苏句容后，设计部几乎全军覆没。仅有的一个老设计师，待了 1 年也辞职离开。此刻的柴伟，肩负着设计部的人员招聘与管理，由于柴伟在大学学的是美工专业，这次被谭木匠紧急提拔为设计部负责人也在情理之中。

虽然柴伟有些犹豫，但还是接下了高层领导的任命。让柴伟没有想到的是，刚一接手，年轻的设计师们，招一批走一批。柴伟说道：“11

个川美、南艺的大学生，一个也没留住。”

此刻，心急如焚的柴伟十分清楚，设计团队的不稳定，直接影响谭木匠新品的推出速度以及产品质量，其后会直接影响加盟商的销售，甚至有加盟商开始抱怨新品研发不够丰富。

面对如此困境，一度让柴伟失眠。一旦放假超过两天，柴伟就要回公司摸摸电脑。柴伟说道：“我这个人重启慢，生怕在家待久了，忘了放假前的东西，回来耽搁事。”

为了提高谭木匠的新产品打样效率，谭传华专门在设计部的对面新建了一个工作室。在搬迁到江苏句容之前，设计部出了新设计稿，需要打样的话，从出稿到寄回万州工厂打样再寄回，其标准的时间是 15 天；如今，设计部就在 3 米外的工作室里，一个常规设计图上午到，下午就能看到样品。

在打样过程中，一旦有结构不合理之处，工作室的师傅马上就可以推开设计部的大门进行交流……

到 2016 年，设计部每年已经能交出 100 款新品，保障了谭木匠的上新频率。在这一年的加盟商年会上，柴伟在台上给自己立下了新目标：“要让谭木匠重新引领行业设计。”①

①王宇航《谭木匠：一个上市公司的管理重建》，《商界评论》，2017 年第 8 期。

第七章
布局电商

实体店受冲击：一方面与线下经营成本不断增加、消费者向线上转移有关；另一方面，线上电子商务已经成为社会化大趋势，电商渠道已经成为一个不可忽视的存在，其成本、地域跨度、时间跨度等方面都相较线下更具优势。

——谭木匠创始人 谭传华

第一节　渠道变革，线上销售补位

根据谭木匠的财务数据显示，近几年销售收入下滑的原因，很大程度上是由于线下销售渠道的萎缩以及 2014 年谭木匠搬迁带来的负面影响。

2014 年，谭木匠从重庆搬迁到江苏句容后，谭木匠的人员流失较大。究其原因，由于大部分员工的家业都在重庆，这成为他们不愿意远征江苏句容的一个重要原因，愿意跟随谭木匠搬迁的员工不到三分之一。这对公司的经营影响相当大，甚至直接影响谭木匠一段时间的运营。

众所周知，谭木匠主要是以特许经销商加盟的方式进行产品销售，加盟商是其主要的销售来源。根据谭木匠的财报显示，从 2009 年到 2012 年，谭木匠的加盟商数量持续增加，从 866 家增长到 1416 家，同期销售收入持续上涨。

当经过高速发展后，尤其是在 2014 年后，谭木匠的加盟商开始出现负增长。这样的变化足以说明，谭木匠的线下渠道逐渐地开始萎缩。

01 消费者需求变化，销售渠道的互联网化

在碎片化时代，消费者需求的不断变化，随之而来的产品设计和销售渠道的互联网化，不得不迫使传统企业在营销和渠道拓展、产品设计等方面向消费者贴近。

究其原因，随着互联网时代，特别是移动互联网时代的来临，作为传统企业，其商品销售模式、渠道，以及用户的消费习性都发生了翻天覆地的变化。当这样的变化影响传统企业的经营时，无疑就意味着要么互联网化，要么被用户摈弃。

根据第四十次《中国互联网络发展状况统计报告》数据显示，截至2017 年 6 月，中国网民规模达到 7.51 亿，半年共计新增网民 1992 万人。互联网普及率为 54.3%，较 2016 年底提升 1.1 个百分点，见图 7-1-1。

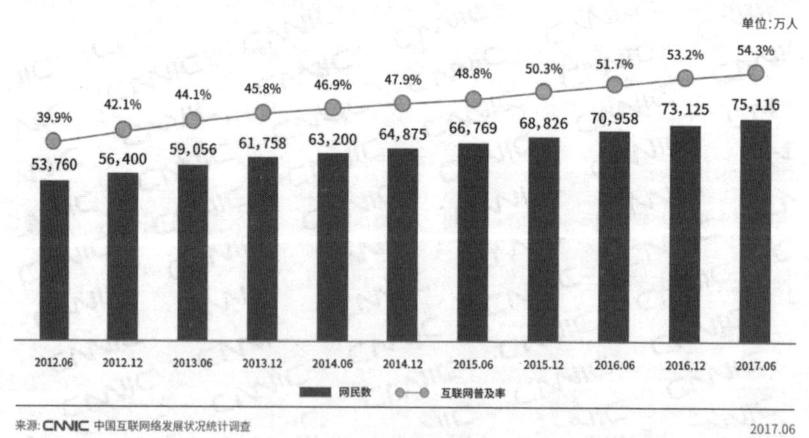

图 7-1-1 中国网民规模和互联网普及率

截至 2017 年 6 月，我国手机网民规模达 7.24 亿，较 2016 年底增加 2830 万人。网民使用手机上网的比例由 2016 年底的 95.1% 提升至 96.3%，见图 7–1–2。

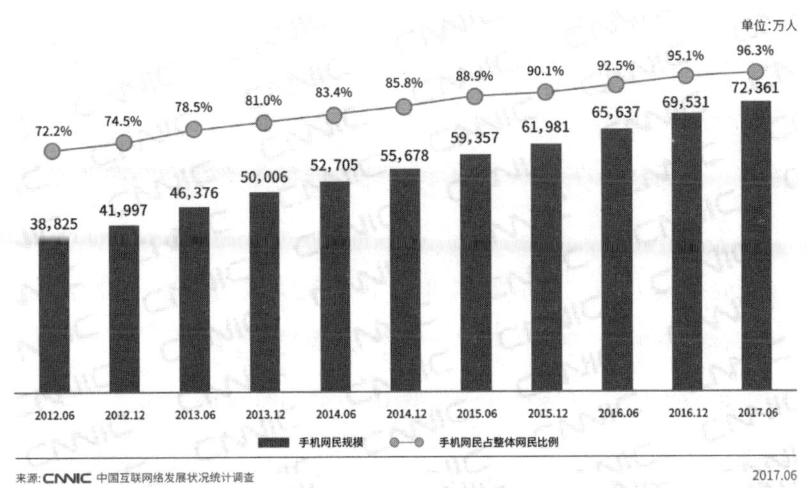

图 7–1–2 中国手机网民规模以及占网民比例

在此次报告中提到：“随着我国移动互联网进入稳健发展期，行业整体向内容品质化、平台一体化和模式创新化方向发展。首先，各移动应用平台进一步深化内容品质提升，专注细分寻求差异化竞争优势；其次，各类综合应用不断融合社交、信息服务、交通出行及民生服务等功能，打造一体化服务平台，扩大服务范围和影响力；最后，移动互联网行业从业务改造转向模式创新，引领智能社会发展，从智能制造到共享经济，移动互联网的海量数据及大数据技术的应用，为社会生产优化提供更多可能。”

基于此，作为传统企业的谭木匠，为了更好地实现自己的互联网化战略，在 2014 年 3 月，谭木匠控股有限公司正式将总部由重庆市江北区观音桥搬迁至江苏省句容市。

为此，谭木匠控股有限公司对外发言人谭尧介绍说道：“跟随公司

到句容的员工主要是营销部门的，大部分片区经理都到了句容，研发、行政人事、财务等都分别有员工跟随过去，工厂、物流本身在万州，没变化。”

在谭尧看来，句容处于长江三角洲腹心地带，信息、物流、交通非常发达，符合谭木匠市场发展需要。

众所周知，谭木匠，作为重庆名副其实的知名企业，此次搬迁引发各方关注。然而，早在 2012 年年底，谭木匠的先遣军已经在江苏句容市组建了电子商务平台。

谭尧介绍说道：“谭木匠于 2012 年年底将电商组建在句容，运营 1 年多后发现江苏的优势较多，于是决定将总部搬过来。”

此举足以说明，谭传华搬迁管理中心绝不是鲁莽行事，而是经过深思熟虑才决定的。为此，学者分析称，除了企业内部谋局破壁之外，外部的变化更是致使企业转移阵地的最后一根“稻草”。

究其原因，随着互联网技术的发展和普及，加上中国经济步入新常态，诸多实体店的增速已经达到坡顶，放缓也是公开的秘密。

只要查阅谭木匠历年的年报就不难发现，自 2012 年，谭木匠的营业额一直处于增长状态，2012 年、2013 年的全年营业额分别为 2.7 亿元、2.8 亿元。

虽然谭木匠的营收有所增长，但是增长率却放缓了，相比 2012 年高达 11.5%的增长率， 2013 年的增长率仅仅为 3.3%。

与营业额增幅放缓相应的，还有谭木匠实体零售店放缓的扩张速度。根据谭木匠年报数据显示，2012 年谭木匠中国大陆地区特许加盟店的总数达到 1416 家，较之 2011 年增加了 101 家，而 2013 年中国大陆特许加盟店只增加了 11 家。[①]

①赵婷《江苏电商战略“挖角”“谭木匠”何以东南飞》，《重庆青年报》，2015 年 1 月 20 日。

根据中国行业研究网的报告，在经济增速下滑和电商崛起的双重夹击下，传统零售公司 2013 年业绩受到挤压。从 63 家零售企业公布的 2012 年年报得知，净利润总额为 168.37 亿元，同比下降 4.8%。传统零售业的基本面仍然不乐观。①

基于此，谭尧解释道："在电商运营基本成熟后，谭木匠从西部搬迁到东部，因此 2014 年及以后时间将是谭木匠又一新阶段。……句容这个小城市不是谭木匠的主力市场，但东部良好的信息、交通、物流平台才是公司发展的需要。"

对此，中投顾问零售行业研究员杜岩宏说："实体店受冲击：一方面与线下经营成本不断增加、消费者向线上转移有关；另一方面，线上电子商务已经成为社会化大趋势，电商渠道已经成为一个不可忽视的存在，其成本、地域跨度、时间跨度等方面都相较线下更具优势。"

02 精简线下加盟商，拓展线上直销

2016 年，谭木匠在中国大陆的加盟店数量为 1281 家，比 2014 年减少了 168 家，降幅达到 11.6%，已经低于 2011 年时的水平。在这里，我们来剖析 2009 年到 2016 年谭木匠历年的加盟店数据，见图 7–1–3。

当线下销售渠道开始萎缩时，谭木匠由此拉开了拓展线上销售的引擎。从谭木匠过去 3 年整体销量下滑的情况来分析，截至当前为止，在线销售的增量并没有弥补线下萎缩的缺口。

经过几年在线销售的经营，2016 年后，这种情况已经开始发生一些

①赵婷《江苏电商战略"挖角""谭木匠"何以东南飞》，《重庆青年报》，2015 年 1 月 20 日。

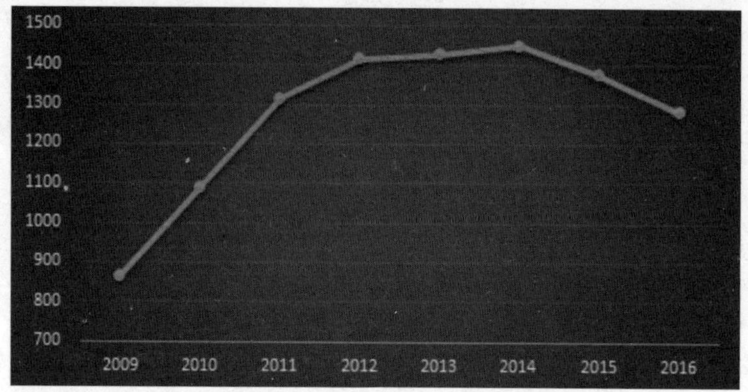

图 7-1-3 谭木匠 2009—2016 年历年的加盟店数据

变化。谭木匠 2016 年年报显示，2016 年下半年谭木匠加盟店的销售下滑速度在减慢并有回暖的趋势。该年报显示，谭木匠 2016 年年报的加盟店的相关数据，见图 7-1-4。

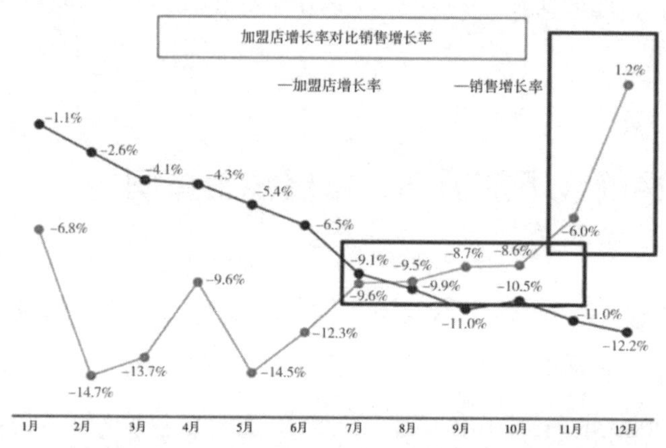

图 7-1-4 谭木匠 2016 年年报的加盟店的相关数据

从 7-1-4 图可以看到，2016 年谭木匠的加盟店数量每月都在减少，但是从 2016 年 7 月开始，谭木匠加盟商销售额同比减少速度有所放缓，并在 2016 年 12 月实现了正增长。

在电子商务方面，谭木匠的销售业绩开始发力。根据 2016 年财报数据显示，谭木匠线上销售额超过 7000 万元，占总营收的比例至少为 26.5%。

在线收入接近 30%的占比，减少了来自实体销售下滑的压力。当我们查阅谭木匠历年财报数据发现，谭木匠在 2011 年首次提及电子商务销售信息。

2012 年，谭木匠在江苏句容正式成立电子商务事业部，拓展线上销售。其电子商务销售由全资附属公司江苏谭木匠旅游公司负责。

据年报数据显示，附属公司江苏谭木匠的溢利从 2012 年的 12 万元增长到 2016 年的 1220 万元，4 年时间增长了 100 倍。

这样的数据足以说明，近几年谭木匠正在逐渐奋力地拓展线上销售，在保证线上线下同价的前提下，精简线下加盟商，拓展线上直销，以期在互联网经济中分得营销红利，弥补线下零售面临的风险。

第二节 改造电商中心

在布局谭木匠的电商战略中，谭传华可谓用心良苦。在将谭木匠管理中心由重庆市搬到江苏句容市这个三四线城市前，谭传华早已在句容市布局，不仅与当地政府积极沟通，甚至还斥资 3355 万元购买了 1864 平方米的物业作为谭木匠总部的办公场所。

不仅如此，由于电商是新生事物，年轻的员工更容易接受和操作。当谭木匠管理中心搬迁到句容后，电商运营团队更趋年轻化，线上线下的互动更强了。

正因为如此，当谭木匠搬出重庆后，其业绩依然保持稳定。谭尧介绍道：“搬到句容还不到一年，与 2013 年同期相比，产销利有一定的增长。”

01 设立分仓，实现货单合一

在线业务对于谭木匠来讲，无疑是一名后进者。负责谭木匠在线业务的毛想回忆刚来谭木匠时的情景，两间蓝盖厂房，孤立在小镇边。

毛想回忆道：“来之前构思过无数种办公场景，唯独没有这一款。”由于谭木匠过于另类，毛想甚至怀疑谭木匠是骗子公司。毛想回忆道：

"这是上市公司？不会是遇到骗子了吧。"

曾经在苹果任职的李开复在《苹果公司的海盗精神》一文的开头这样写道：

去苹果上班的第一天，阳光明媚，我上了车，拿出自己的报到书一看，吓了一跳，上班的地方居然是一家商业银行。我当时有点摸不着头脑，为什么不是在苹果的总部里上班？苹果难道搬家了，搬到银行去了？来到银行，我小心翼翼地询问那里的保安，"请问苹果公司是从这里进去吗？"保安指了指后门。

看来没走错！转到银行的后门，发现还真是别有洞天，上到二楼，一个小门里，一些年轻人正专注地摆弄着计算机。原来，我们真的是在银行背后一个隐秘的小楼里上班。苹果的产品研发多是在秘密进行，希望上市的时候能让所有的人"惊讶"和"惊艳"，因此办公地点非常隐秘。

"这也许就是苹果海盗精神的反映吧。"我想。苹果所谓的"海盗"精神，我一直有所耳闻。在苹果，公司的信条是：进行自己的发明创造，不要在乎别人怎么说，一个人可以改变世界。公司创办初期，乔布斯曾在楼顶悬挂一面巨大的海盗旗，向世人宣称：我就是与众不同。

从李开复的描述中不难看出，苹果公司的企业文化，与其他跨国企业相比的确与众不同。作为木梳行业领导者的谭木匠自然也有其独特的办公环境。

毛想后来称，犹豫至少有 3 分钟，还是鼓起勇气推开了谭木匠的厂门。毛想回忆说："七八个人蹲在地上包包裹，大家抬头看着我，包好的包裹散落一旁。"

在当时，谭木匠不过是在线销售的一名新兵。面对这样的情况，无

疑导致人员职责不清，当时只有 8 个人负责所有的工作——客服、上新、文案、店内装修。

电商部门的同事都是从各个岗位转过来的，网店除了忙着把新品堆上去，没有任何营销、推广，谭木匠的品牌被埋在深处；单货分离体验差，句容只负责接单，每一个订单接下来后，要再发回重庆万州工厂，由工厂寄出产品。一把梳子寄到消费者手中，“最快也要 5 天”，谭木匠线上收到最多的评价就是：物流太慢。

毛想从苏宁易购辞职回到江苏句容加盟谭木匠，是因为自己想干一番事业。由于谭木匠才开始涉足电商，毛想甚至一度想离开，痛定思痛后，毛想最后还是留了下来。毛想说：“因为公司特别能听建议，成长得很快。”

当人员不够时，就展开招聘；当体验不好时，就吸取教训，坚持改；没有运营经验，努力学习。

就这样，电商部从 8 个人的团队很快就扩充到 22 个人，由此成立物流、客服、美工、管理组，谭木匠万州不再负责发货。

电商部门在江苏句容设立分仓，实现货单合一，每年送出 3 至 5 个员工，去淘宝大学学习，并开始在淘宝购买推广资源。

当下的高效率在搬迁之前，几乎是不可想象的。2017 年 5 月 8 日—5 月 14 日母亲节期间，谭木匠线上销售额 455 万元，同比增长 70%；发货包裹数量 2.7 万个，最高一天，日处理包裹数 4700 个。这个成绩，相当于谭木匠一个顶级加盟商一年的销售总额。[①]

①王宇航《谭木匠：一个上市公司的管理重建》，《商界评论》，2017 年第 8 期。

02 布局电商市场

公开资料显示，目前，谭木匠的产品使用周期一般为 3~5 年。其中礼盒最好销售，梳子品类占主导，经济好的地域价位偏高。江浙一带及北上广是谭木匠最好的市场区域，其市场份额在全国占比 30%以上。[①]

对此，中国社科院工业经济所副研究员徐希燕说："句容等东部沿海地区电子商务发展势态较重庆地区更好，这是谭木匠搬走的一大原因之一。"

此外，谭尧也说道："电商是新兴营销模式，增速比例远远高于加盟实体店。句容到这些片区的交通工具发达，距离较短，可以迅速提供服务，同时对经销商网络的布局与管控更有利。"

正因为如此，谭木匠才从重庆搬至南京的后花园句容。究其原因，东部拥有信息、物流、交通便利的同时，加上句容这个农业县级市充沛的人力资源，使得谭木匠的未来更加明朗。

根据谭木匠年报资料显示，在谭木匠搬迁之前，重庆企业中有 300 多个残疾员工。据了解，谭木匠"迁都"后，有 1/3 的员工离职，剩下的 2/3 大部分都到了句容，少数留在万州的工厂与物流基地。[②]

尽管如此，谭尧坦言："不过，无锡一带的发展较好，句容的人才流动性很大，但我们会突破。"

---

①赵婷《江苏电商战略"挖角""谭木匠"何以东南飞》，《重庆青年报》，2015 年 1 月 20 日。

②同上。

第三节 线上线下交叉发展

由于谭木匠自身的战略转型，所以学术界和媒体都对谭木匠的业绩下滑存在过多误读，其中就有关于谭木匠门店数量的减少，尤其是销售额的降低，一部分媒体通常简单地把它们归纳为总部搬迁带来的负面影响，甚至还认为部分加盟商不认同谭木匠搬迁总部的做法，就退出了。

其实这样的观点是有失偏颇的。与之相反的是，近几年谭木匠的加盟店数量一直维持在 1300 家左右，每年还会收到大批申请者的申请，但是由于谭传华选择申请者一直较为谨慎，在扩张的规模上似乎有意控制。

当然，谭木匠门店减少的一个关键原因，实际上是加盟店的一个自我淘汰而已。谭木匠过去的店铺，集中在街边店和超市店。

由于这几年商圈的变化较大，具备较好综合消费体验的购物中心已经成为新时代的趋势。在这样的趋势下，谭传华关掉了大量的街边店和超市店，开始进驻购物中心和机场、高铁等交通口岸，这也是谭木匠未来开店的重点发展方向。

此外，在此门店系统调整中，谭传华开始着手控制谭木匠的加盟战略，在县级市的店铺中，谭木匠的占比已经大幅下降。相反，在省会城市和地级市中，谭木匠的占比却在上涨。

01 线上线下交叉发展

在谭木匠的布局中，目前，谭木匠的库房在万州，财务分为万州、句容两地，市场运营在句容。根据 2016 年谭木匠的财务报告显示，2016 年，谭木匠新加盟店铺拓展情况如下，见图 7-3-1。

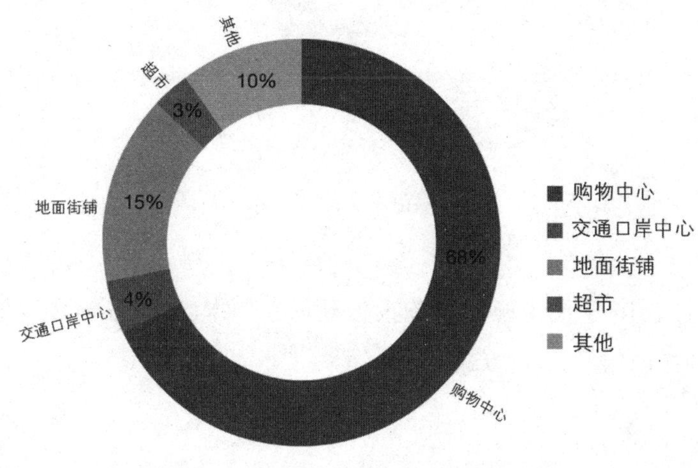

图 7-3-1 2016 年谭木匠新加盟店铺拓展情况

截至 2016 年 12 月 31 日，谭木匠加盟店铺在中国分布情况，见图 7-3-2。

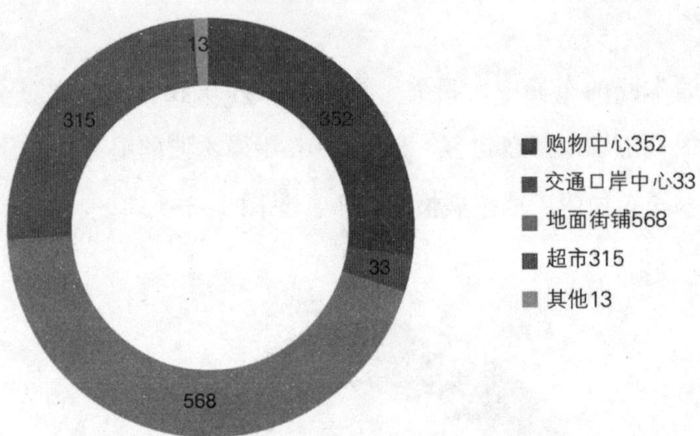

图 7-3-2　2016 年谭木匠加盟店铺在中国分布情况

根据 2016 年谭木匠的财务报告显示，谭木匠 2016 年月度加盟店数量走势趋于下滑，见图 7-3-3。

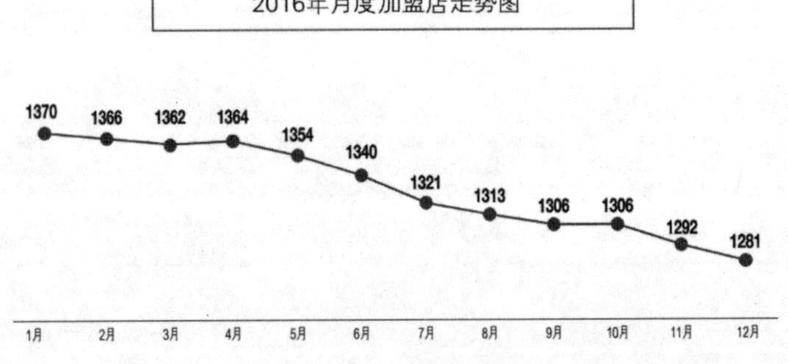

图 7-3-3　谭木匠 2016 年月度加盟店数量走势

2016 年 12 月 31 日比 2015 年 12 月 31 日实际加盟店数量减少 95 家，但实现同比 1.2%的正增长，见图 7-3-4。

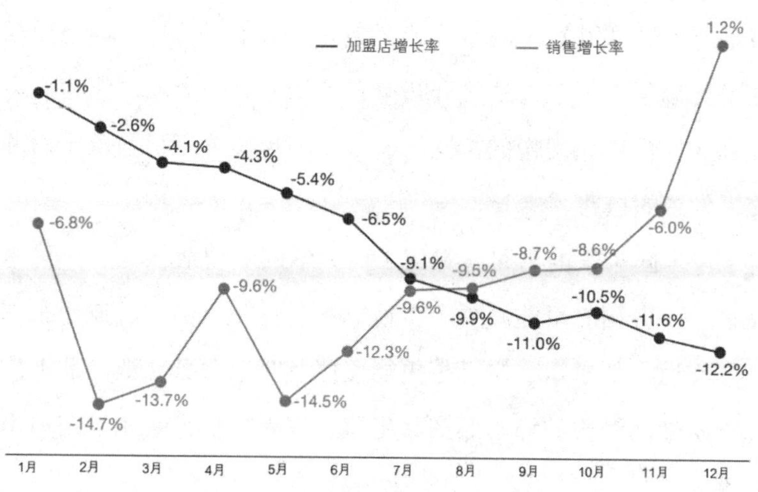

图 7-3-4 2015—2016 年加盟店和销售率增长率

在网络布局方面，全国省级除西藏外的所有城市，以及地级城市覆盖率在 80%以上，县级城市只发展在经济比较好的区域。①

谭尧介绍说道："集团总部搬迁前后零售店数量并无多大变化，其中在重庆的市场以主城区为重点，目前在重庆共有 65 家，而主城有 38 家。目前谭木匠网销数据较小，2011 年不到 1000 万元，2012 年不到 2000 万元，只是净利润相对高于加盟店，同时 2013 年电商销售数据占总销售的 5%左右。目前重庆综合物流已经很发达了，并不次于句容这些东部沿海城市。因为谭木匠这种小型产品运输一般通过空运，很少用水运和铁运。"

长江上游经济研究中心副主任杨文举还说："目前苏南地区民营企

①赵婷《江苏电商战略"挖角""谭木匠"何以东南飞》，《重庆青年报》，2015 年 1 月 20 日。

业发展势态良好，很大一部分与该地区发挥市场化竞争手段有关，如此就减少了企业发展的阻力。另一方面在于重庆产业升级换代，致使企业离开重庆也是有可能的。一方面目前综合要素成本在上涨，企业更关注市场发展空间，如其重庆的市场趋于饱和，谭木匠选择了向电子商务发展良好的句容所在的东部地区开拓空白市场。另一方面以零售店为主的谭木匠在实体店扩张缓慢的情况下，不得不走实体零售与电子商务相融合，交叉发展的道路。”

对于谭木匠未来的出路，重庆工商大学的喻智成认为：“谭木匠在句容发展，一方面有可能减少了土地成本，另一方面句容属于东部沿海地区，其交通，如水运、空运等更能便捷及时地服务江浙及北上广，也方便以旅游带动销售的谭木匠产品出口，以更好地占领东部空白市场乃至国际市场。”

02 消费者到哪儿就跟到哪儿

在2016年加盟商年会上，谭木匠线下营销总监张传金提供的一份数据显示：2015年度，谭木匠省会城市覆盖率96.3%，地级市覆盖率83.55%。

在张传金看来，减少小城市的占比，更符合谭木匠未来的品牌发展战略。因此，为了配合此轮门店的升级运动，谭传华甚至已经启动了新的CIS系统。

众所周知，谭木匠原来的LOGO和门店设计，是早在1999年推出的。在当时，由于连锁店铺的品牌意识相对比较淡薄。谭木匠的这套体系一经推出，就在连锁企业行业引起了极大的轰动。正因为如此，谭木匠成功的加盟体系能够快速打造，也得益于此套风格鲜明的品牌识别系统。

斗转星移，随着当下不断变化的顾客观念，即使再先进的门店品牌系统设计也必须与时俱进。早在2005年，谭传华就已经开始启动谭木匠的门店升级了。为此，前前后后经历了国内设计师高铁、艺术家米丘、香港设计师李永铨、韩秉华、德国设计师Jose等店面设计方案的筛选，但是都没有找到符合谭传华理想的店面设计，直到2015年才确定新的LOGO。

谭木匠总裁助理谭力子在接受媒体采访时曾解释为什么谭木匠要启用新的LOGO和门店VI。谭力子说道："之前的店铺形象执行了十几年，已经审美疲劳了，没有新鲜感，老LOGO比较个性，偏艺术一些，而新的LOGO更平滑、柔和一些，比较容易受女性消费群体喜欢，而且它看上去更像一个LOGO了，这套体系也更符合购物中心的要求。"

除了线下的商圈转移，当下火爆的电子商务也让谭传华产生了较强的危机意识。2011年，一些同业品牌开始拓展线上业务，且最多的一个同业品牌，其年销售额达到六七百万元，甚至公然叫板要打败谭木匠。

这样的挑衅让谭传华心急如焚，经过慎重思考，他下定决心深耕线上销售。实际上，谭传华早在2008年就已启动了谭木匠的线上业务。2008年，谭传华就已经注册了谭木匠官网店。

在当时，谭传华为了保护加盟商的利益，一直淡化互联网销售的策略，直到2011年，谭木匠的互联网销售额也不到1000万元。

当竞争品牌开启线上销售，反而激发了加盟商的积极性：在当时，谭传华倘若不能及时在线上建立起防御体系，最终将影响谭木匠线下的生意。

2016年，谭木匠的线上销售额达到7000多万元人民币，同比增长超过26.5%。2017年，谭传华正在推出一套打通线上线下的O2O体系，线上接受订单，然后通过智能筛选派单，实现就近配送，将线上的流量重新引回到加盟商的门店。目前，这套O2O体系已经在深圳、昆明试点运营。

03 在线保持着强劲的增长

在谭木匠的在线业务中，天猫、京东旗舰店木梳品牌地位较为显著。坚持在线销售和线下维修服务相结合的方式，坚持在线和线下同价的原则，使得在线业务保持较高增长。

目前，谭木匠营销网络覆盖各大电商平台，包括天猫、京东、苏宁易购、亚马逊、1号店、当当网。

2016年度，谭木匠完成在线业务销售额超过人民币7000万元，同比2015年增长超过24%。全网梳子类目卖家数量达到115445家，谭木匠官方旗舰店在主营类目“家庭／个人清洁工具”大类目中日均排名2~6名，本类目中梳子占比88.25%，排名均在第一名，近30天支付金额排名一直维持在2~3名。在“梳子”类目中，排名均在第一名。

回顾2016年年度，天猫与京东仍然是谭木匠的主要在线销售平台，其销售业绩如下，见表7–3–1。

表7–3–1 谭木匠天猫和京东的销售情况

电商	访客总数（环比增长）	月均浏览量	成交用户	成交件数	转化率	客单价（环比增长）
天猫	764万（22%）	507万	3.3万	4.7万	5.24%	167.49
京东	149万（35.7%）	90万	0.8万	1万	6.48%	198

纵观2016年全年，梳子类中竞争对手的前五名品牌排名如下，见图7–3–5。

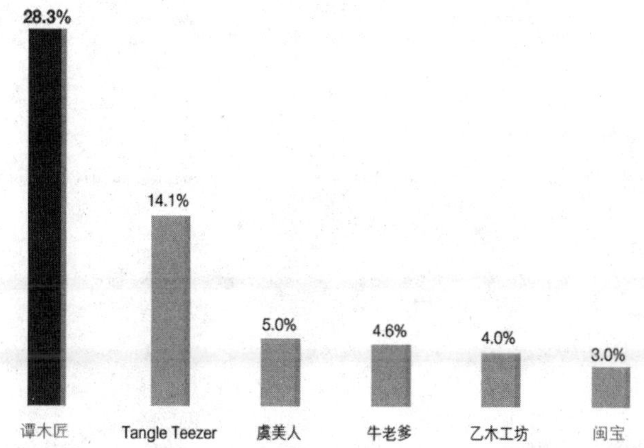

图 7-3-5 2016 年梳子类中竞争对手的前 5 名品牌排名

由于在线载体的特殊性，业务相对单纯，且竞争更加激烈，甚至鱼龙混杂，作为总监的刘珂佳带领谭木匠电商团队不畏辛苦，积极在重要节日如中西情人节、双十一、三八妇女节、母亲节等销售高峰期推广。

第八章
做好做久

我和儿子商量过，不要想去做“大”公司，做一家“好”公司就可以了。这个公司只要在不断地成长，就够了。还是想把梳子做好。做全球的“一把梳子”就够了。不要想去做得太多，就是想把梳子做好。

——谭木匠创始人 谭传华

第一节 不求做大做强，只求做好做久

当谭木匠的销售节节攀升时，谭传华不是急于扩大规模，而是稳扎稳打。谭传华的做法令竞争对手始料不及，不仅使得谭木匠稳稳地坐上了中国梳子第一品牌的宝座，同时也为谭木匠成为驰名商标打下了坚实的基础。

2001 年，谭传华更新了谭木匠的全套生产设备。谭传华在接受媒体采访时说道："当一个工厂门口车水马龙，呈现一派需求繁荣景象时，就该考虑更换新设备了，这样你才会不易被超越。"

在谭传华看来，日本企业之所以能够成为百年老店，一个重要的原因是产品。要想保持产品的领先，就必须更换其设备。短短 4 年后的 2005 年，谭传华又淘汰了旧的生产线，更换新设备。

尽管销量很好，但是谭传华并没有急速去扩张产能，依然按照传统手工业的生产方式进行生产。在谭传华看来，传统手工业主要是师傅带徒弟，需要言传身教，一旦速度过快，很难把握产品质量。

谭传华的观点是正确的，由于谭木匠手工的产品特性，无疑就决定了不能快速扩张，也并不打算实行非常工业化的流水线作业。

01 “不要想去做‘大’公司，做一家‘好’公司就可以了”

在中国改革开放后第一批的大部分企业家心中，似乎都有一个让企业进入世界500强的梦想。当然，他们并不是世界500强企业的空想者，而是的的确确要朝着这个方向奋斗的。

当《理财周报》以“您最终想把谭木匠做成什么样的公司？您的梦想是什么？”为提纲采访谭传华时，谭传华的答案却与世界500强企业有着截然的不同：

> 我和儿子商量过，不要想去做“大”公司，做一家“好”公司就可以了。这个公司只要在不断地成长，就够了。还是想把梳子做好。做全球的“一把梳子”就够了。不要想去做得太多，就是想把梳子做好。
>
> 我的梦想就是做个好公司。坚持把梳子做好，把公司治理好。我们坚持“稳健”的策略，这样对投资者，对消费者，对加盟商，对员工会更好。不要盲目求大。①

在谭传华看来，盲目求大存在战略风险。究其原因，这与谭传华自身的创业经历有关。谭传华回顾自己的创业经历称，在创业过程中遇到困难是很正常的事情，尤其在一些关键点上，自己能够安然度过，源于自身的人生经历。

①李峻岭《谭木匠：我是对钱最不看好的，钱一多心就乱》，《理财周报》，2010年1月11日。

谭传华说道：

在创业中虽然遇到很多困难，但我从来没想到过退缩的。我经历过流浪的生活，遇到过灾难，这种经历对我的人生是一个很好的磨炼和丰富。后来感觉在创业过程中没有什么困难。

我是属于比较保守型的人。假如有100万元，你一定不要全部用来投资，很可能全部泡汤。我认为，可以拿50万元去投资，另外50万元不动。这是一直以来我认同的公司的财务策略：始终是有钱放在那里不动的。

现金库存对于创业者很重要，决定创业者的决策心态。现金库存让创业者在失败后还拥有修订的机会。一半拿出去，一半留在家里。出兵打仗还要留一半守大营呢。

我感谢我哥哥。我当年借款29万元，15万元借给他，相当于我的一个储备库。剩下14万元由我使用，用完了，还可以不断地从他那里拿回来。创业时，有时候缺1万元，企业就可能过不去，就可能死掉。①

正因为如此，谭传华在做大和做久问题的选择时，毅然选择了后者。如果将此问题问其他企业家，可能得到的答案就迥然不同。

有一次，一个人问联想创始人柳传志："未来联想是想做强还是想做大?"

面对此问题，柳传志犹豫了半天才回答说道："那还是做大吧。"在柳传志看来，做大似乎更符合联想未来的发展战略。与之相反的是，在火红的年代，中国企业能成为世界500强，是那一代中国企业家们的梦想。回顾历史，20世纪90年代的1996年，当"抓大放小"这个国家战

①李峻岭《谭木匠：我是对钱最不看好的，钱一多心就乱》，《理财周报》，2010年1月11日。

略刚被提出来时，一些眼光敏锐的企业家开始把“抓大”与火热蓬勃的民族企业振兴运动结合了起来，即这些企业家在实施抓大战略时，把目光盯在那个光芒万丈的世界500强梦想上。

究其原因，由于中国国内市场的繁荣及新兴企业的集体胜利，这让自卑的中国企业家们突然发现，原来世界500强也并非曾经想象中的那么遥不可及，那些不可一世的跨国企业似乎并不是不可赶超的。在这样的背景下，进入世界500强俱乐部由此成为当年诸多中国企业家共同的梦想。

提及“世界500强”，这是由美国财经杂志《财富》发布的一个排行榜，主要以销售额和资本总量为依据，然后对全球的企业进行排名次。

在改革开放没多久，当时的企业家们没有多少人清楚《财富》这个杂志的评选标准，也没有多少企业家们真正地在意，因为每年数百亿美元的销售额对这些企业家而言无疑是遥不可及的。

其后的变化让中国企业家开始集体亢奋：第一，1995年，《财富》杂志首次将所有产业领域的公司纳入其评选的范围。这样的改变自然吸引中国新兴公司进入世界500强。第二，中国国内市场的繁荣及新兴企业的集体胜利。

1995年底，海尔这艘大船的船长张瑞敏第一次明确提出，海尔要在2006年进入世界500强排名。在当年，张瑞敏提出这个目标时，海尔的销售额仅仅只有世界500强入围标准的1/18。

随着张瑞敏高调宣示进入世界500强行列，在其后的半年内，至少有近30家左右的企业经营者也提出，进入世界500强俱乐部的准确时间表。

在那个火热的年代，进入世界500强就犹如一场奥林匹克运动会竞技场。曾有专家因此评论说：“进入20世纪90年代中期，每年一度的世界500强排行榜像工商界的奥运会，吸引着来自东方的炽热目光。”渐渐地，世界500强对于中国企业家来说无疑是一种图腾，深深地植入他们的“集体无意识”之中。

在这样一个激情燃烧的岁月里，高歌猛进的集结号吹响了。在进军世界500强的号角里，有的企业因此而成为真正的世界500强，有的企业因此而倒下。2005年，经济学家钟朋荣在评论德隆事件时也反思说：“很多企业家的骨子里就是要让自己的企业早早地进入世界500强，看来，500强情结已经给许多企业带来了灾难性的后果。”

钟朋荣的判断是正确的，世界500强情结的确让很多企业倒下，这主要是因为很多企业家为了实现这个目标而迷失自我，最终在世界500强的道路上轰然倒塌。

这样的教训给当下的企业家的启示是，做企业要有耐心，能坚持，经过时间的发酵，以前看似普通的产品和品牌就有了价值。企业要充分敬畏和尊重市场成长规律，有长期经营的心态，一味追求短平快，会让企业栽大跟头。

02 做500强不如做500年

做500强，还是做足500年，当这两个选项给谭传华时，我相信谭传华会选择后者。在很多场合下，谭传华更为赞同自己做一个500年的企业。

在这里，我们来回顾一下谭传华接受《品牌世界》杂志的采访：

品牌世界：2004年谭木匠收到700多份加盟申请，只批准了48家，去年收到1000多份申请，你只通过了93家。如此严格的加盟审批会不会影响发展速度？

谭传华：其实我们在几年前就可以做到1000家，但一直都在控制。对于那些不诚实的加盟商，宁可赔钱，也要否定。我现在遵循的是百年老店的思考模式。

品牌世界：在经过高速扩张阶段之后，谭木匠是否遇到了一个缓慢增长的瓶颈期？

谭传华：我不认为企业一定要快，有一个企业家说得很好：做500强不如做500年。这句话非常有哲理。做500年比做500强还要难，企业做大也许10年、20年就可以了，但是你无法预估到你的后代是否能延续下去。

品牌世界：那你为什么不扩大厂房，扩招工人，把规模做得更大？

谭传华：首先，手工业主要是师傅带徒弟，需要帮、传、教，一旦速度过快，很难把握产品质量。另外，谭木匠手工的产品特性决定了不能快速扩张，如果量太大，生产就会跟不上。我不打算实行非常工业化的流水线作业。谭木匠要做百年老店的梦想不可能在我这一代实现，还是留一部分给下一代人去做吧。

在谭传华看来，谭木匠能否建成百年老店，其核心问题就是是否专注木梳的研发、生产和销售，继续沿着“小而美”的路线安静且精致地经营下去。

在商业世界里，企业家面对的诱惑多得我们无法想象。面对过多的机会，谭传华也曾经被诱惑过。摆在谭传华面前的是两个选择——多元化还是专注。其实这个选择题影响了中国历代企业家。

1998年下半年，资金充裕的谭传华，开始自己的第一次多元化，谭传华把战略目光转向了电视业。此刻，几个志同道合的朋友也开始怂恿谭传华实施多元化战略，由于没有经得住诱惑，谭传华决定投资拍摄方言电视剧——《爬坡上坎》。

在拍摄这部电视剧时，总共花费了 250 万元，然而，最后却勉强以 150 万元的价格销售出去，整整赔了 100 万元。

在谭传华看来，100 万元的学费过于昂贵，这让谭传华开始对多元化投资非常慎重，至今对此心有余悸。

多年后，谭传华回忆说道："当时不懂电视业，后来一想，还是专注地做我的梳子行业妥当。"

"隐形冠军"之父赫尔曼·西蒙分析了中国企业后发现，中国很多企业因为很难兼顾两个或以上领域的深化研发和投入，基于此，实施"专注"战略更适合中国企业。

众所周知，赫尔曼·西蒙自己所推崇的中小企业，尤其是"隐形冠军"，并不是指绝对规模，而是着重于一个企业对市场的界定是否专注。就好像生产可乐和可乐瓶一样，不同的市场容量决定了不同行业"冠军"的规模。很多时候"隐形冠军"之所以隐形是因为他们在人们的视野里还处于被边缘的地步，而这也是中小企业减少了很多干扰因素，能够成功的关键之一。①

在多元化开局失意的背景下，谭传华随后冷静下来后，决定不再追求做大，而是只要把店做好就可以，朝着百年老店的目标去发展。

创业 20 年，谭传华的百年老店目标更进一步，专卖店 1000 多个。为此，谭传华重启自己的专注战略，减少了外界的干扰，踏踏实实地做梳子。因此，谭传华在梳子上下功夫，做到独一无二。如今，谭木匠已经在行业里是名副其实的 "隐形冠军"。

①高永钰《"谭木匠"创始人谭传华:做 500 强不如做 500 年》，《国际金融》，2009 年第 2 期，第 70—72 页。

第二节 做百年老店，诚实第一，赚钱其次

在中国诸多企业中，谭木匠是一个较为另类的企业，之所以称之为另类，是因为谭木匠的企业理念——诚实、劳动、快乐。

在接触上百企业家的过程中，很多企业家始终把绩效提到重要的位置，反而忽视最底层的企业文化建设。

在中国古代的工匠中，很多人把自己的名字刻在产品上，因为这是留给自己最好的奖赏。从这个角度上来分析，企业如人，其价值观就如同一个人的人品，时刻表现出"人性恶"的一面来，这就是当下很多企业家呼吁诚信的一个重要因素。

反观谭木匠，谭传华把诚信植入谭木匠的日常工作中，从谭木匠的企业理念可以看到，很少谈及标语式的口号，更没有什么凌空虚蹈、宏大叙事的语言，甚至早在1996年，谭传华提出了谭木匠的企业价值观——"诚实、劳动、快乐"，而谭传华居然把诚实排在首位，足以说明诚信在谭木匠企业经营中的位置。

01 诚实就是："诚"代表诚实守信；"实"代表实事求是

在镀金时代的当下，由于竞争过于激烈，中国的商界充斥着低价竞争，甚至不惜以采购劣质原材料来降低成本。

然而，谭传华却能把诚实提升到重要的战略位置，最终成为谭木匠的基因，继而变成每一位员工的本分，这或许是谭木匠的竞争优势。

谭传华在接受媒体采访时说道：

在公司发展过程中，常常会有人给我很好的商业建议，对我影响最大的还是松下幸之助，他强调企业的诚信。这不是嘴上说一说。最简单的例子，我错了也要认错，我会写检查，然后登在我们自己的杂志上面，这就是我的诚实。谭木匠一直到今天也不打折，标价100元就卖100元，我自己不会砍价，经常买东西买贵了，所以我的梳子不打折，标多少就卖多少，这很公平。最开始有人在我们店里摔过梳子，说这么一个破玩意儿，还不打折，但我还是坚持不打折。这现在成了我们的一个卖点。

为了击败谭木匠，曾经有竞争对手乃至基金公司为了得到谭木匠的真实经营数据，甚至不惜动用各种渠道，但是让他们大失所望的是：各种渠道得到的数据，与谭木匠每年公开的年报表几乎相同。

相比很多中国企业四五套账本（银行贷款一套，风险投资一套，工商一套，税务一套，老板自己一套真账），谭传华却始终坚持谭木匠从不做假账，对内对外也都坚守只有一套数据的做法。

非会计专业毕业的读者可能不了解的是，企业不做假账，就意味着

照章纳税，绝不偷逃税款，可谓是一个企业对社会最大的诚实。为此，谭传华曾写道：

谭木匠公司的企业理念是："诚实是人生最大的财富"和"诚实、劳动、快乐"。我认为公司的两条理念是一和二的关系，或者说是"里"和"外"的关系。"诚实是人生最大的财富"是一，"诚实、劳动、快乐"是二，两者彼此交融，相互呼应。

当今中国，几乎什么都过剩，只有诚实守信显得紧缺。改革开放30多年，人们被左的年代穷怕了，饿怕了，就像一个叫花子猛然见到了一顿盛宴，叫他怎么文明都是瞎操心。现在社会上有一种普遍的说法：中国人素质太差。我认为这话是不客观、不实事求是的说法。中国是礼仪之邦，是文明古国，古人说得好，"仓廪实而知礼仪"。如果中国再发展几十年，一百年，相信诚实守信的人将越来越多。由于中国人口基数太大，财富资源有限，分配不公，贫富悬殊太大，文明程度差异等，不讲文明、不讲诚信的人肯定大有人在，但是，诚实守信肯定会成为未来社会立足之根本，世界贸易的根本法则就是诚信，谁不讲诚信，谁就会被淘汰出局。

因此，公司在确定企业理念时把诚实放到了第一位。为什么不叫诚信而用诚实？因为诚信二字已用得很多，我所理解的诚实就是："诚"代表诚实守信，"实"代表实事求是，谭木匠公司所追求的是要有自己独特的个性和风格，不能人云亦云，没了自己的主张。

第二条理念是我们谭木匠人对人生价值取向的一个定位。"诚实"是我们做人的一个基本准则；"劳动"是我们每个谭木匠人的权力，从老总到工人，都要热爱劳动，谭木匠公司的发展就是要让更多的人获得这种权利；"快乐"是我们对待生命、工作、财富、名利的一种态度。如果我们的快乐是建立在他人的痛苦之上，我们宁可不要这种快乐；如果我们得到的财富、名利不是快乐的，我们也宁可不要这种财富和名利。前不久，美国有家调查机构对美国的百年以上的老字号企业做了一个调查，他们惊异地发现，这些老牌企业从一开始创业的时候，首先就是没把赚钱放在第一位，要么是以服务社会为立业之本，要么是以承担社会责任为己任，而那些把赚钱放在第一位的企业都没有活到百岁。

谭木匠公司要做百年老店，就要把诚实放在首位，而把赚钱放在次要位置。因为我们拥有诚实，比存在银行里的钱还稳当，还要安全。当今社会，很多人都不讲诚实信用，如果我们认认真真地去做，我们很快就会脱颖而出，很快就会拥有自己的朋友、客户，也就拥有了快乐和财富。

众所周知，很多企业家在公开场合下，口号喊得较为响亮，结果真正做到的企业家却很少。截至 2015 年末，谭木匠的资产负债表上没有一分钱的银行贷款。

不仅如此，谭木匠作为一个上市公司，从不通过故事和消息来操作股价，而且坚持分红。对于那些投资谭木匠的人来讲，谭木匠堪称是“良心企业”：自从谭木匠上市以来，已经累计现金分红达到 4.11 亿元人民币，占累计实现净利润的 44.46%。

按照 2016 年 0.25 港元每股的分红水平，以截至 2017 年 6 月 7 日的收盘价 3.99 港元每股来算，股息回报率有 6.3%。①

谭木匠上市以来，累计分红金额已经大于 IPO 时约 1.5 亿元人民币的募集金额，而 7%~10%的股息率更是使其获得了“现金奶牛”的称号。

这组数据足以说明，坚守“现金为王”的谭木匠拥有较强的竞争力以及赢利能力，足以支撑谭木匠强有力的分红。从谭木匠的历史记录上

①面包财经《20 年只做一把梳子：被市场冷落的谭木匠有投资价值吗?》，http://www.cs.com.cn/gg/gsxw/201706/t20170609_5317133.html。

看，谭木匠分红相对稳定，而且股息率也较高。对此，学者撰文指出，谭木匠“分红比率比较高，与其股权结构可能也有一定关系，大股东持股 67.88%，亦是分红的最大受益者”。

02 含泪烧掉 30 万元梳子

在谭木匠公司内部，谭传华含泪烧掉梳子的质量管理案例，如同达摩克利斯之剑，时刻提醒员工要做出“最好的梳子”。

一个跟随谭传华闯市场的 “元老”员工介绍称，1995 年，在创业的第三个年头，谭木匠的业绩终于有了一些起色，一些重大技改相继完成。

然而，与新工艺新标准比，此前的木梳产品有瑕疵，存在些许小问题。最后，谭传华从库房里清理出 15 万把木梳。

这 15 万把木梳都是技改前生产的产品，按当时的生产成本计算，至少价值 30 万元。倘若降价处理，收回成本肯定没问题。

在当时，甚至还有几个批发商看中了这 15 万把梳子，愿以低价格全部收购。价格都已经谈妥，但是谭传华却迟迟不愿签字。

其后，谭传华专门召开全体行政管理人员会议，商量把这 15 万把木梳烧掉。这次会议上，没有一个人同意谭传华的做法。

谭传华解释说：“我们舍不得这 30 万元，就不是真心想创名牌企业。只有把诚信放在首位，谭木匠才有希望。”

最后，谭传华说服员工把 15 万把木梳堆在一起，谭传华亲自点了火，在场的多名工人都流下了眼泪，谭传华的眼眶也湿润了。正是因为谭传华的诚信，才打造出谭木匠的木梳帝国。

在当下浮躁的情绪中，很多企业老板试图减少成本，以提高企业利润，减少企业损失，甚至不惜偷工减料，其结果是中国消费者宁愿花更高的价格也要购买外国产品，让“中国制造”陷入更大的漩涡当中。

在辣椒酱行业，为了避免这样的事件发生，陶华碧运用“修合无人见，存心有天知”的经营办法。

2001 年，有一家给老干妈供货的玻璃制品厂，给老干妈公司提供了 800 件（每件 32 瓶）玻璃瓶。老干妈公司装上辣椒酱刚铺货到经销商处，就有客户反映：“有的瓶子封口不严，有往外漏油现象。”

没有不透风的墙，一直盯住老干妈的对手企业们，以此为契机攻击“老干妈”的产品质量问题。作为老干妈最高决策者的陶华碧，第一时间知道此件事情后，非常清楚其问题的严重性，要求老干妈相关部门迅速查处此事。

部分老干妈的管理人员向陶华碧建议说：“可能只是个别瓶子封口不严，把这批货追回重新封口就行了，不然损失就太大了，这可是 800 件货呀！”

陶华碧当即否定了这部分管理人员的意见，坚决地说：“不行！这事关公司的信誉！马上派人到各地追回这批货，全部当众销毁，一瓶也不能漏掉！损失再大，也没有在市场上失信的损失大！”

在陶华碧的督战下，老干妈召回所有问题产品，虽然使老干妈公司损失巨大，却让消费者看到了“老干妈”信守质量的决心，坏事变成了好事。

老干妈的做法在中国企业界并非个案，一些有远见的企业家们也用自己的行动来践行“修合无人见，存心有天知”的商业哲学，这样的哲学才是企业经营的重要基石。

改革开放后，由于中国物资匮乏，质量问题往往容易受到忽视。20 世纪 80 年代，中华人民共和国成立后的第一代企业家张瑞敏做出了一项令中国人想不明白的事情——完全可以凑合用的问题冰箱为什么要砸掉？

然而，正是这次事件让海尔冰箱的质量管理进入公众视野。1984

年，时龄35岁的张瑞敏临危受命，接任当时已经资不抵债、濒临倒闭的青岛电冰箱总厂厂长。时隔多年后，张瑞敏回忆说："欢迎我的是53张请调报告，上班8点钟来，9点钟就走人，10点钟时随便在大院里扔一个手榴弹也炸不死人。到厂里就只有一条烂泥路，下雨必须要用绳子把鞋绑起来，不然就被烂泥拖走了。"

这样的境遇让张瑞敏不得不面对似乎是"烂摊子"的现实。在当时，中国制造业正在实施进口替代战略，具体的做法是，通过大规模引进欧美、日本等发达国家的生产线，改造中国落后的轻工业的现状。

上任后的张瑞敏，作出第一个决策——把工厂的牌子更换为"青岛电冰箱总厂"。张瑞敏向青岛市和北京轻工业部再三要求，成功地被允许引进利勃海尔的技术，成为中国轻工业部确定的最后一个定点生产厂。

引进先进的技术只不过是张瑞敏带领海尔走出困境的第一步。1984年12月，出任海尔前身的青岛电冰箱总厂厂长，制定了海尔第一个发展战略——名牌战略。为了让名牌战略落地，张瑞敏开始着手抓质量管理。

当时的中国，还是一个"物以稀为贵"的年代，像冰箱这样的商品是稀缺的。加上中国冰箱行业起步较晚，厂家生产的产品质量也参差不齐。此刻的海尔，其亏损额竟达到147万元，一半员工想离职，这个工厂濒临倒闭。

张瑞敏上任不久之后收到一封消费者的来信，顾客信中说，该消费者要买一台冰箱，结果挑了很多台都有质量问题，最后勉强购买了一台。

1985年，张瑞敏全部检查了一遍库房里的400多台冰箱之后，竟然发现有76台冰箱存在不同程度的问题，不合格率几乎达到19%。

面对这样的问题，张瑞敏不得不把职工召集到车间，以此来解决质量问题。对于问题冰箱怎么处理的问题，有的职工认为，既然产品不影响使用，干脆便宜点处理给职工。当时冰箱的价格是每台800元，相当于一个职工两年的收入。

尽管如此，张瑞敏向职工们表示，把问题冰箱全部砸掉，谁生产的谁来砸。其中，张瑞敏领头砸了第一锤。就这样，76 台冰箱都被砸成了废铁。“张瑞敏砸冰箱”成为这家日后中国最大的家电公司的第一个传奇，在企业史的意义上，表明了出现于商品短缺时期的第一代企业家的自我蜕变正是从质量意识的觉醒开始的。此后的十余年，是海尔高速成长的黄金时期，张瑞敏通过引进欧洲的生产技术及日本的精细化管理模式，迅速实现了产量与质量的双重跃进。1994 年，也就是在他创业的第十年，海尔冰箱产销量跃居全国第一。①

尽管张瑞敏大锤砸问题冰箱在 20 世纪 80 年代的 1985 年，谭传华烧木梳是 20 世纪 90 年代，陶华碧坚持召回问题产品在 2001 年，时间相隔 16 年，但是其做法都是在坚持质量为王的企业战略。今天的海尔、谭木匠和老干妈，能够被消费者所认可，其根源还是产品质量。

①吴晓波《吴晓波：你还关心张瑞敏吗》，《中国企业家》，2014 年第 7 期。

第三节 搬迁总部，激活"休克鱼"

谭传华将谭木匠总部搬迁至江苏句容的一个小岛上，该建筑的结构上下两层楼。无论从建筑风格，还是总部周围的环境，让员工和参观者觉得更像是一个匠人的作坊。

这或许才是谭传华一直以来所追求的极致世界。谭传华在接受媒体采访时多次强调过："谭木匠就是一个小作坊，不要把它看成是一个大公司。"

如今的谭木匠句容总部，新的办公楼按照"楼上办公，楼下市场"的理念打造——楼上全部是开放式办公，领导和员工都坐在一个大办公室里，组织架构上也打破了过去的层级，董事长下面是总监，总监下面直接就是员工，大大提高了沟通效率；楼下是微型工厂和消费者活动体验中心，设计师的作品可以直接拿到微型工厂去打样，交到销售部门和被邀请过来的消费者手中，直接接受市场的检验。①

在过去，谭木匠的研发中心位于 43 楼，一个产品的打造需要几个月时间，如今通过"楼上办公，楼下市场"的组织变革，效率大大提升，最快只需要十几天。

面对如此的变革，华夏基石咨询集团副总裁李志华博士曾表述过这

①寇尚伟《逃离喧嚣：谭木匠的焦虑与反抗》，《销售与市场》，2017 年第 4 期。

样一个观点：“中国企业发展过程中有三大瓶颈：发展到一定规模会出现规模瓶颈，再发展到一定阶段会出现传递市场温度的温差瓶颈，企业不断加码就会出现信任瓶颈。这三大瓶颈，谭木匠都遇到了。”

为此，《销售与市场》杂志社记者寇尚伟撰文写道：“以退为进，可能正是谭木匠搬迁的初衷，只有退到这样一个小地方，才能抛去浮躁，重新审视自己的顾客和市场。”

01 抛去浮躁，重新审视自己的顾客和市场

但凡研究谭木匠，谭木匠的迁址问题始终是一个绕不开的话题。有学者甚至认为，2014 年 7 月，谭木匠总部从重庆观音桥搬迁到江苏句容，是一次赌博式的尝试。在这部分学者看来，搬迁到江苏句容后的谭木匠就打了一场烂仗，这似乎印证了他们的预言师式的判断。

的确，谭木匠的搬迁带来的负面影响还是很大的，不仅体现在员工的去留上，同时也反应在经营数据上，根据谭木匠公布的年报数据显示，2015 年，谭木匠迎来上市后的首次业绩下滑，营收同比下跌 7.5%至 2.76 亿元，毛利同比下跌 9.3%至 1.78 亿元，而加盟店数量也首次出现减少的情况，当年度锐减 73 家，见图 8-3-1。

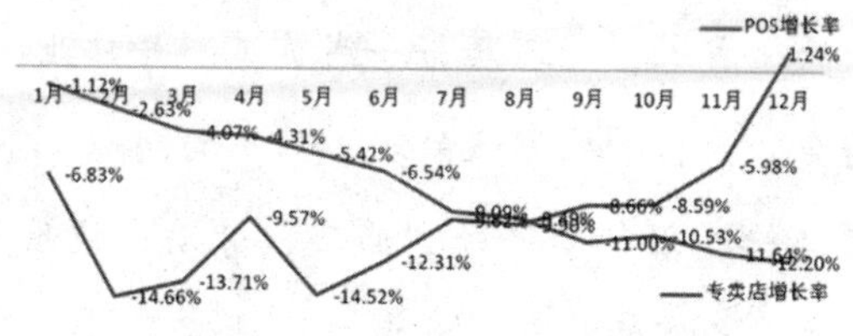

图 8-3-1 谭木匠专卖店下滑

不管是学界，还是媒体界，多数人都不看好谭木匠的迁址做法。当上述年报数据发布后，似乎正好印证了他们的观点。

众所周知，对于任何一个企业来说，总部搬迁被视为是对自己的一次生死大考验。2017 年 3 月 31 日，谭木匠披露了 2016 年的财务年报，根据年报数据显示，2016 年谭木匠的收益减少 4.4%至约 2.64 亿元，毛利率轻微上升 1.1 个百分点至 65.6%。

事实上，自 2014 年谭木匠将总部由重庆市搬迁至江苏省句容市后，谭木匠在 2015 年、2016 年连续两年出现收益下降的情况。

在此年报当中，首次披露了 2014 年总部搬迁带给谭木匠的负面影响。谭木匠在 2016 年的年报中坦承：

公司经历了 2014 年搬迁的巨大震荡，提前半年宣布搬迁开始，很多工作就处于停滞不前的状态。员工的家人、房子都在重庆，跟随公司来句容的员工不到三分之一。尤其是研发团队几乎是全军覆没。在这样境况下，公司不得不像初创公司一样从头开始。

经过 2015 年的培养磨合，于 2016 年度选拔了优秀片区经理张传金任线下营运总监，调任工厂厂长罗洪平任行政事务总监，刘珂佳负责网络营销及海外拓展业务，谭力子调任到董事长助理职位，负责协调服务营运总监的工作，谭木匠新的团队以新的面貌协同一致紧密合作，降下身份做最基础及最本分的事，回归到初创的朴素工作作风，打破层级与部门壁垒，降低沟通成本，管理层与一线员工一并作业，创办人谭传华主席每周参加周会，亲自带领团队处理工作中的问题，不断强化健康价值观，净化团队品格，用行动诠释“诚实、劳动、快乐”的企业理念。团队以朴素的作风、务实的态度，让谭木匠度过了不平凡的一年，品牌更显魅力，公司经营呈现新的生机。

在2014年、2015年的两份年报当中，介绍的都是有关总部搬迁的正面影响。在2014年年报当中谭木匠是这样介绍的："为改变一成不变的固化管理状态，集团总部完成了从西部搬迁到东部，打破传统官僚死板的管理作风，改变管理结构，精简管理层级，管理扁平化，大大提高了工作效率，务实的作风得到实现""随着公司搬迁，研发团队也焕发了新的光彩，以更开放的心态拓展研发资源，实施'三层'战略。"

在2015年年报当中，谭木匠是这样介绍的："谭木匠总办事处由重庆搬迁到句容后，逐渐成熟稳定，年轻团队朝气蓬勃，管理结构偏平，沟通效率高，线上线下营销并驾齐驱，为了扶持和回馈线下，将电子商务的净利润30%激励线下发展，作为线下实体店铺的专项支持资金，激励线下创新经营模式，鼓励加盟商积极开拓市场，并逐步将O2O模式好好运用起来，经扶持的新加盟店效果良好。"

众所周知，在2014年，有两个知名企业相继离开重庆：一个是龙湖地产。龙湖地产将总部从重庆迁往北京，欣喜的是，龙湖地产很快就成长为一个全国性的地产企业；另一个就是本书的主角谭木匠。

当谭木匠将总部由重庆迁至江苏句容后，不幸的是，谭木匠很快遇到了自己的重要拐点——营收与利润双双下降。龙湖地产和谭木匠的一正一反式的对比，俨然将谭木匠置于了一个较为尴尬的境地。

既然如此，可能读者较为关心的是，谭木匠花如此功夫为什么要从一个直辖市搬迁到江苏一个不知名的小城句容？

如此质疑，是有其逻辑性的，因为龙湖地产迁址北京的做法，非常符合商业发展的逻辑。在多数学者和媒体人看来，谭木匠将总部从直辖市搬到一个不知名的县级市，实在令人琢磨不透。

一部分人猜测，迁址江苏句容是因为当地政府给予谭木匠开出了更好的招商政策和有利条件。面对外界的质疑，谭木匠发言人公开介绍称，迁址江苏句容这一决定是出于谭木匠未来发展基础上的考虑，谭传华是经过深思熟虑后作出的艰难决定。

谭传华不止一次表达过一个观点："谭木匠最大的敌人不是别人，而是自己，所以我们一直努力地与浮躁对抗。"

众所周知，自从2009年在香港主板上市后，谭木匠当时融资到上亿元资金，如何发展就成为一个不得不面对的问题。虽然从经营数据来分析，谭木匠每年的增长率仍然处于高位，但是谭传华越来越觉察到，谭木匠早已患上了"大企业病"。

在谭传华看来，谭木匠上下被一团浮躁之气包围着，尤其是谭木匠的管理层，每天坐在重庆观音桥43楼的办公室里指点江山。

这样的背景下，谭木匠越来越严重的官僚化，无疑是在使自己越来越脱离市场。长此以往，这将是一件非常危险的事情。

在作为匠人的谭传华看来，他可以忍受谭木匠下滑的销售业绩，但是绝不能忍受谭木匠如此浮躁的官僚主义。

为了打破这种层级管理，跟上中国互联网技术发展的步伐，适应消费者需求的变化，搬迁句容进行第二次创业，似乎就在谭传华的布局之中。

作为县级市的江苏句容，不管是城市级别，还是其他硬件条件，都比不过繁华的直辖市重庆，但是，谭传华更看重长江三角洲的有利地理位置，以及赋予江苏句容得天独厚的物流和信息流通优势。

谭木匠在搬迁之前，谭传华早已在江苏句容启动了自己的电商部门，而且已经在此地运营了两年。

当然，谭传华在江苏句容试水线上渠道，是因为谭传华清楚地意识到，在线渠道的发展将影响谭木匠的未来，这就是谭传华越来越重视在线业务的关键所在。

对于匠人式的企业家谭传华来说，除了地理优势之外，句容作为一个小城市，没有大都市的喧嚣和浮躁，更有利于静下心来潜心研发原创产品，甚至还可以通过倾听市场的声音反哺研发。

当然，要想适应这样的变化，无疑是用一种极端的方式冲击谭木匠的原班人马，甚至是一次重大的考验以及筛选。谭传华直言，2014 年总部搬迁的时候，竟然有三分之二的员工没有跟过来。

这样的阵痛，可算得上是对谭木匠 20 年的组织架构的“削骨之痛”。任何事情都有两面性，正是因为如此，谭传华彻底实现了谭木匠组织的精简和换血，为谭木匠的组织变革腾出了空间。

02“惯性忙碌”被财报数字所掩盖

2014 年，对于谭木匠这个企业来说，可谓一波三折。尤其在搬迁问题上，引发员工与船长谭传华的内部争论，那就是到底去不去江苏句容的问题，以至于在春节后的第一个工作日里，位于重庆江北区的谭木匠办公室里，员工办公的气氛并不热烈。

究其原因，100 多人的团队，竟然高达三分之二的员工离职。在 10 多年的经营中，谭传华相对顺利，但是此次作为国内最有名的木梳品牌的谭木匠，却面临人才流失的问题，在 2014 年的新年遭遇到了人才管理的一道坎，可谓是流年不利。

其实，搬迁的通知早在 2013 年 10 月就发出。2014 年春节后，不管员工同意与否，谭木匠管理中心从重庆搬迁到江苏句容已经是既定的事情。只不过员工的选择是，要么跟着谭木匠远赴江苏，要么就是留下来。早在半年前，员工们就开始考虑这个问题了。

众所周知，搬迁总部对于任何一个企业而言，都是一件大事。不过，谭木匠已经搬迁两次，只不过都是在重庆范围内。此次搬迁却要搬到江苏句容，很多员工接受不了。

很多员工坦言：“这是市中心搬到了乡镇。”在他们看来，不仅是巨

大的环境落差，同时还有背井离乡，以及饮食文化等差异，让他们根本无法接受。

在去留之间不得不做出选择时，大部分人选择离开谭木匠留在重庆。其结果就是，财务、设计部都只剩下一名员工，行政、品牌部更是“人去楼空”。此次搬迁导致谭木匠的管理结构出现人员坍塌，连建制都不齐。

面对如此结果，之前就有过的质疑声越来越大，谭传华搬迁江苏句容的决定是否过于草率？尤其是谭木匠作为上市公司，从 2009 年 12 月上市以来，谭木匠连续 5 年高速增长，营收从 2009 年的 1.4 亿元增长到 2014 年的 2.98 亿元，年均复合增长率为 16.3%；同期净利润从 0.46 亿元增长到 1.29 亿元，年均复合增长率为 22.9%。

这组数据说明，谭传华决定搬迁的 2014 年，恰恰是谭木匠上市以来最好的业绩时刻。面对各方的质疑，尤其是问到为什么要在最好的时候搬迁时？谭传华的答案很坚定——“管理太浮躁了。”

究其原因是，在 2013 年，谭木匠自身的大企业病，为此，谭传华罕见地拍了桌子。原因是，谭传华 3 周以前让行政立项的设计项目，每周一都会按时地问一次进度，结果谭传华问了 3 次，得到的结果却都是还在走流程。

谭传华说道：“我亲自吩咐的事情都能拖 3 周，可想而知，整个公司的办事效率已经低到什么程度了。”

不仅如此，谭传华的二儿子、时任总裁助理的谭力子，也遭遇各个部门相互推诿的事情，一个案子经常被推来推去。

例如，有用户投诉称，谭木匠的牛角梳厚薄不均。面对问题，谭力子仔细地查看投诉的产品时发现，只要把原有的 0.8~1.2cm 的厚度标准缩小为 0.9~1.1cm，把允许的误差减少 0.2cm，用户的投诉问题就解决了，同时还可以改善用户的体验。

让谭力子没有想到的是，在执行该过程中，却遭遇重重障碍。当谭力子传达产品修改意见时，有的员工称，“这是以前就定下来的规矩，不能改”；有的员工称，“厚度减少要影响采购成本”；还有的员工称，“一点点调整就会影响工艺流程和成品率……”

面对其他同事的不配合，谭力子只好亲自上阵，他也想知道做一个0.9~1.1cm的牛角梳到底有多难。

的确，新标准修改起来非常麻烦，于是谭力子亲自来改。物料报废不划算，谭力子就自己向谭木匠说明申请。为了落实一把梳子，谭力子在重庆、万州两地就往返了3个月。

3个月后，在谭力子的坚持和示范下，0.2cm的标准终于改了下来。当按照新标准的牛角梳产品上市后，谭力子却非常沉重地说道：“在公司办个事，真的太难了。”

在谭力子看来，把工作做到最好本来就是一个员工的本分和责任，但是在谭木匠却异常艰难。

作为谭木匠的元老级员工、财务经理黄超也觉察到，当时的谭木匠的确变了。谭木匠发展得最快的4年间，财务部也逐渐地在内部被边缘化了，财务前置的监督职能竟然成了一句空话。

黄超说道：“只有签字的时候，才把文件发过来。为什么要这么多钱，钱怎么使用，财务都不知道。”

黄超越是担心的事情，就越有可能发生。黄超举例说，谭木匠电商部门一直都是独立核算，该部门有6个员工，他们竟然利用谭木匠的制度漏洞，截留谭木匠的销售收入，直到2013年底，团队内部发生争执，该事件才被爆光。

就这样，该问题摆在谭木匠高管会议的桌上，财务负责人澄清介绍说道：“当初说好了的，电商部归营销部自己管，这不是财务部的责任。”

当流程无法再推动时，谭木匠的关键部门被无端边缘化，部门间的推脱责任……企业内部积下的浮躁病，被年年增长的业绩所掩盖。在"未来国际" 43 楼的办公室里，谭木匠的高层们，都是西装革履，每天都在 "惯性忙碌"。在他们看来，谭木匠的年报数字一年比一年亮眼，似乎并没有多少危机，但是他们因此患上了被财报数字所掩盖的浮躁病，几乎是没有一点点警觉。[①]

03 让听得见炮火的人呼唤炮火

在诸多用户的印象中，作为连锁企业的谭木匠，不仅是重庆的一个优秀企业，同时也是一个社会责任感较强的企业。

如今的谭木匠总部已经南迁到江苏句容，距离六朝古都南京市仅仅只有 30 多公里。可能读者很好奇，作为重庆直辖市的优秀企业，谭传华为什么要将谭木匠的总部搬到江苏句容。

面对媒体和研究者的好奇，谭传华在接受媒体采访时解释说道："谭木匠搬迁总部，直接原因是看重南京以及整个长江三角洲地区的物流、信息流以及人力资源方面的优势。"

在搬迁总部之前，谭传华已经在南京周边句容市设立谭木匠的电商部门。长江三角洲的区位红利促使谭传华决定总部南迁。

当谭木匠的电商部门尝到甜头后，尤其是上海自贸区的设立，加速了谭传华融入整个长江三角洲地区的决心。

作为企业的经营者，搬迁企业总部多数是为了企业更好地发展。经营者往往根据企业自身的战略发展需要，以及综合的战略角度考量。在

①王宇航《谭木匠：一个上市公司的管理重建》，《商界评论》，2017 年第 8 期。

权衡利弊之后，经营者会做出有利的决择，一般地，搬迁总部对于企业来说，通常有如下几个作用。

（1）借助更优质的平台提升企业的竞争力

一般地说，一个企业搬迁总部大多数是为了更好地获得发展的机会，尤其是为获取大范围内的资源。

当企业发展到一定阶段后，经营者会根据企业的实际情况，决定总部区域的选择。在中外企业中，搬迁总部可谓是司空见惯，不是什么新鲜事情。例如，为了提升自己的品牌影响力，欧普照明曾经就将总部从广东中山搬迁到上海。

再如，中国联想集团在收购 IBM PC 事业部后，将企业总部迁往美国纽约（现在设立北京、北卡罗莱纳州罗利市、新加坡 3 个总部），这就是为了更好地获取更多的战略资源。当然，联想通过总部搬迁，具备了更多的全球化竞争思维和管理思维，不仅联想获取到了全球最高的金融、人力、科技资源，同时也实现了并购式国际化的战略意图。

（2）离市场更近

一般地说，企业总部离市场的距离通常有如下三个层面：

第一，物理意义上的距离。从这个角度上讲，企业总部必须更贴近市场，其基础是，总部所在市场必须是一个潜力巨大、容量巨大的市场。

第二，组织层面的距离。一般地说，由于当下处于互联网+时代，任何企业的组织架构必须适度扁平化，尽可能将大企业做小，尽量使得企业的每一个“细胞”都贴近一线市场。

第三，观念和文化层面的距离。企业在生存和发展的过程中，由于规模的做大，使得观念和文化层面开始官僚化，这就必须保持谦卑的“推销员”和“创业者”的心态。

回顾谭木匠的总部搬迁，更好地解释了上述三个层面：在物理层面，从偏西南的重庆，搬迁到了经济更为发达的南京，谭木匠融入了中国经济最具活力的长三角经济带。可谓是“良禽择木而栖”，这不仅有效地推动谭木匠融入更高的经济平台，而且有效地参与市场竞争；在组织层面，谭传华通过谭木匠的组织变革，有效地实现了扁平化；在观念和文化层面，谭传华通过总部搬迁“激活休克鱼”，激发员工和加盟商二次创业的激情。

(3) 推动组织变革，解决小企业的大企业病难题

尽管谭木匠的品牌知名度较高，从规模的角度来分析，谭木匠不过是中国众多中小企业的一个。谭木匠由于一直保持稳定发展，大企业病被严重忽视。比如，谭木匠的管理层级较多，逐渐叠加的科层制组织结构压制了员工的创造力。同时，信息在组织中的传递路径也受到一些阻碍，甚至还面临“老板成为最后一个知道坏消息的人”的局面。

基于此，搬迁总部就成为谭传华启动组织变革的一个重要契机。谭传华把谭木匠的总部搬迁到江苏句容后，减少了原有的管理层级。

目前，在谭木匠的组织架构上，谭传华采用的管理层级是，董事长→总裁→总监（设 3 名总监，分别负责线上、线下和配套服务）的组织架构。

在沟通方式上，谭传华针对原有沟通方式中存在的信息失真等问题，在原有员工和直线领导沟通的基础之上，谭传华鼓励员工横向沟通，提升谭木匠对市场的反应速度。为此，谭传华在接受媒体采访时直言：“其实搬总部，最重要的目的还是为了推动变革。”

在互联网这个信息大爆炸的时代，传统企业的旧思维正在被互联网“炸掉”，伟大的企业不再凭借繁冗、庞大的组织规模，而是依靠极简主义的、扁平化的企业组织构架完成企业的繁衍和生长。

正因为如此，扁平化的企业管理模式备受企业家们推崇。学者乐言高度评价了扁平化的管理模式：“在传统企业中，这种勇气将面临更多的阻力，尤其是来自固步自封、想要稳步成功获得高层位置的中层。扁

平化的组织结构能够确保公司一直在年轻态中冲锋向前。”

在当下，很多传统企业经营者固执地认为，继续沿袭欧美的管理模式就可以让企业基业长青和永续经营，这样的观点断然是有失偏颇的。主要是，在互联网+时代，情感化的管理模式更受新时代“80后”“90后”员工的青睐，因为在“80后”“90后”员工看来，个性化的管理模式比僵化的旧有管理体制更能发挥其创造力。

面对这样的浪潮，独立新媒创始人申音认为，互联网思维的核心在于“思维”而非“互联网”，开放、平等、协作、共享、去中心，这些是互联网的核心精神。互联网思维不是做加法，不是说传统企业建个网站，做个App什么的。而是做减法，减掉面向终端用户的不必要的环节，减掉不必要的资源消耗，减掉一切与最终用户直接沟通的障碍，减掉层层加价的中间渠道，减掉组织多余的架构层级。因此，这样的思潮出现在很多企业家论坛上。

不过，一个让传统企业家正在探寻的问题是，如何在互联网+时代进行组织变革横亘在传统企业家面前。为此，在一些传统企业的经营者延续了欧美惯性的末位淘汰制思维，其理由是，组织变革或淘汰裁员时，底层或业绩最差的员工应该被最先淘汰。不可否认的是，当下的很多企业家都这样做。

显然，在组织变革上，海尔最有发言权，海尔通过“去中间管理层”的方式进行企业变革，着实有些出人意料。

面对互联网时代的组织变革，海尔曾大刀阔斧地裁掉了1万名以上的中层管理者，去掉的主要是中间层。张瑞敏为此解释说：“现在有互联网了，所有的信息都可以上传到网上，企业变扁了，很多中间管理层也都要去掉。”

在张瑞敏看来，裁掉了1万名中层管理者不是为了降低成本，而是为了积极地拥抱互联网，向互联网转型。

可能读者会好奇地问，海尔为什么去掉中间层，而不采用末位淘汰制呢？张瑞敏有着自己的理解，对于组织结构的调整，张瑞敏形象地比喻“外去中间商，内去隔热墙”，这里的隔热墙就是指海尔的中层管理者。

近年来，海尔一直在推进转型和组织变革，海尔的组织结构因此也进行了大范围调整。拥有 8 万多名员工的海尔变成了 2000 多个自主经营体。在海尔的企业管理上，主要推进“人单合一”的管理模式，即人是员工，单是用户资源，其意思是把海尔的每个员工和其用户资源连在一起。

在组织结构上，为了适应互联网时代的管理模式，海尔则试图打造一个倒金字塔的组织结构。一般地，传统企业的组织结构都是金字塔式，在最底层，通常都是一线员工和基层干部，在金字塔的中上端，通常为各层级领导。

在组织机构升级中，海尔则把传统的金字塔式的组织结构反过来，各层级领导为员工服务，实行组织结构扁平化，海尔通过减少行政管理层级，裁减冗余人员，更方便快捷地服务于消费者。因此，像海尔这样一个传统工业组织而言，在互联网时代，实行组织结构扁平化和组织变革，往往去掉的就是中间层。

在非制造业组织中，一般的互联网组织架构，基本上分为三级。如小米，其组织架构仅仅包括了合伙创始人、部门、员工三级，把多余的层级去掉。

在小米的三级组织架构中，排在第一级的是合伙创始人，分别有个主管，通常管理着七八个小组，之后就是普通员工。

在小米，不管其员工在其他企业就职时的职务是总监，还是经理，工程师的级别都是一样的，只要业务能力优秀就会加薪，但是没有晋升的余地。小米的这种做法就是把管理异常扁平化了，职能也拆得很细。

无疑对合伙人的管理能力和综合复制提出了相应的、更高的要求。不过，小米不会让团队过大，稍微大一点的团队，就会拆分成几个小的团队。

小米办公室的布局就是为了适应这样的组织结构：一层产品、一层营销、一层硬件、一层电商，每一层由 1 名创始人负责，其目的是增强各自团队的执行力。

在管理模式上，小米的做法相对另类：没有其他企业常设的打卡制度，去掉了管理层，甚至还去 KPI 化……当然，正是组织结构升级成就了小米今日的成功。在小米，除了 7 个创始人有明确职位外，其他人一律都没有明确职位，唯一的奖励手段就是涨薪。

小米这样的管理模式意味着组织必须更贴近用户，既不是传统的从上往下，也不是平行关系。以前的工程师常常都是闭门造车，而小米要求工程师面对的是用户，必须积极地与用户沟通。

在这样的管理模式中，小米把管理员工的权力从高阶管理层上转移到了用户身上，让小米的各个事业部紧紧地盯住用户的各种需求，专心设计和生产并且做好小米产品，实现更好的用户体验。

对此，中欧国际工商学院创业学教授李善友坦言："真正的互联网思维就是要把用户当成互联网的中心，中间商将越来越少，这将让商业模式和销售渠道产生变化。互联网思维之一，中间成本为零，利润递延互联网思维之二，功能成为必需，情感成为强需互联网思维模式之三，个人异端化，组织社群化。"

(4) 激发二次创业的激情，重塑谭木匠的企业文化

众所周知，当企业总部从一个熟悉的城市，搬迁到另外一个完全陌生的地域后，所有的谭木匠员工，不管是工作地域，还是生活方式，都发生了较大甚至是根本的改变。

当谭木匠总部搬迁到江苏句容后，这意味一切都要从零开始。当初在重庆高档写字楼办公，办公场地的打扫一般都是清洁工，而搬迁之后，

这一切员工都必须亲自动手。

搬迁后，总监不得不走出了自己独立的办公室，与团队一起坐大办公室，与队友一起并肩战斗。为此，谭传华借助此次搬迁契机，既保持谭木匠原有“诚实、劳动、快乐”的企业文化，又传承了加盟商和员工在浮躁的时代做一个简单快乐的劳动者。不仅如此，谭传华更强调了创新的重要性，提出“人人都要持续改善”。

在谭传华看来，谭木匠由“管理层”到“发动机”，要求人人都会做梳子，人人都会修梳子，人人是劳动者，真正地践行“诚实、劳动、快乐”，希望在谭木匠看不到一个官，所看到的都是匠人。

(5) 对人力资源进行优胜劣汰

谭传华表示，搬迁总部的过程，检验出对公司有信心、内驱力强、认同公司企业文化和愿景的员工，选择了跟随公司来到南京，而信心不足又没有明确职业规划的就选择了被动离开，其实这样一个过程，也是对原有人力资源的一个优胜劣汰。谭传华表示，谭木匠总部搬迁到句容之后，公司的运营团队年轻化了，总裁仍然由“80 后”谭棣夫担任，3 个总监中 1 个“70 后”，2 个“80 后”，团队战斗力和创新能力大大提升。①

(6) 让听得见炮火的人呼唤炮火

当谭木匠搬迁到江苏句容后，尽可能让听得见炮火的人呼唤炮火。一线的变化较为明显。在传统的管理体系中，与管理扁平化相对应的就是管理“层级结构”。所谓 “层级结构”，是指金字塔结构，见图 8-3-2。

从图 8-3-2 可以看出，位于塔尖的高层经理，向位于金字塔中上位置的大区经理发布指令，然后通过一级一级的管理层，最终传达到一线员工来执行；相反，当一线员工搜集到相关企业信息同样通过一层一层

①赵晓萌《为什么谭木匠要迁总部》，《销售与市场》，2014 年第 8 期。

图 8-3-2 金字塔形的组织成员配置

地向上传递，最后到达最高决策者那里。

为了更为高效，谭力子大幅地压缩了谭木匠的组织层级，以前是“员工-部门负责人-分管副总-总裁-董事长”5 个层级，简化后是“员工-总监-董事长”3 个层级。[①]

此次组织结构变革后，谭木匠不再设大量的中层干部，而是以市场为导向，只有线上、线下、行政 3 个总监。如此变革，意味着谭木匠各部门间的壁垒已被打破，谭木匠的员工都不再只是为职能负责，而是对用户和结果负责。

在以前，繁杂的流程非常缓慢，办事效率极其低下，甚至可能出现两个月都办不下来的情况，如今，两天为最大极限。

如今的谭木匠，部门与部门间联系更为密切，也不再是一个信息孤岛，甚至抬头就能交流。[②]比如现在，谭传华每周一的 8 点都会出现

①王宇航《谭木匠：一个上市公司的管理重建》，《商界评论》，2017 年第 8 期。
②同上。

在公司例会的会议室里。8 点至 8 点 30 分这半小时里，谭传华会坐在谭力子旁边，一起听完工作汇报。一旦发现有需要改进的地方，谭传华直接指出，但是更多时候，谭传华只是在一旁默默地听谭力子处理问题。

为了更好地了解市场，谭力子也会经常走出自己的办公室，与各个部门的员工交流和了解。几十分钟就可以了解七八个部门的研发和生产动态。一旦员工有什么情况，或是有什么问题需要汇报，可以直接找总监，总监找不到，也可以马上找到谭力子。一旦发生什么事或者有什么需要解决的事，谭传华说道：“我基本上都可以马上知道”。

当然，在总部搬迁过程中，谭木匠为此也付出了巨大的成本代价，甚至是不容忽视的。其成本有如下几个。

(1) 放弃原有积累的一些资源

当谭木匠搬迁获得机会的同时，付出相应的沉没成本也是情理之中的事情。可以肯定地说，谭传华在重庆的多年耕耘，已经建立了一些社会关系资源、客户资源，甚至和地方政府的关系等。当谭木匠总部搬迁到江苏句容后，部分已经积累的资源就必须重新建立。

(2) 重新创建团队的成本

在搬迁后，大部分员工都不愿意跟随谭木匠举家搬迁到千里之外的江苏句容，部分员工因为各种原因选择了离职。

这意味着谭传华在一些员工离职后，必须进行人力资源再配置。在离职员工的处理上，谭传华通过对部分离职员工做出相应的补偿和心理疏导，对于和公司总部一起搬迁的员工，给予住房补帖以及探亲补贴等，协助解决员工子女入学等问题，解除了员工在总部搬迁之后的后顾之忧，实现了平稳过渡。①

①赵晓萌《为什么谭木匠要迁总部》，《销售与市场》，2014 年第 8 期。

发展简史

1997年3月6日 谭木匠公司正式成立。

1997年5月 《快乐的谭木匠》报纸创刊。

1997年8月18日 在《重庆商报》上刊登“招聘银行”启事并最终在万县建设银行开户。

1998年3月7日与第一家加盟连锁店签约，从此开始以特许经营模式发展。

1998年4月10日余明阳专家团为公司导入CIS。

2001年1月3日 与第100家专卖店签约。

2003年4月中旬 与第200家专卖店签约。

2000年8月 统一使用新的专卖店形象。

2004年3月 获得ISO9001-2000全面质量管理体系证书。

2004年 公司成立进出口部，取得了进出口经营权，开始了进出口业务。

2004年9月 谭木匠荣获“中国公认名牌”的称号，中国社会调查所颁发了荣誉证书。

2004年10月1日，公司和有关单位联合拍摄的电视片《谭木匠记事》制作完成。

2004年12月22日，谭木匠荣获中国首批百家“商业信用企业”

称号。

2005年4月15日，由中央电视台经济频道《财富故事会》栏目组摄制的谭木匠“曲线人生”在全国播放。

2005年7月26日，谭木匠新加坡第一店正式开业，标志着公司进军海外市场迈出了坚实的一步。

2005年8月21日，“保护知识产权——我们在行动”重庆大型采访报道活动启动仪式在万州隆重举行，市、区领导出席，谭传华代表重庆企业致欢迎辞并在倡议书上签字。

2006年1月10日，《福布斯》中文版发布2006福布斯中国潜力100榜，谭木匠榜上有名。

2006年4月19日，谭木匠公司和公司董事长谭传华先生分别荣获由中国连锁经营协会评选并颁发的“2005年度中国特许经营最具成长力奖”“2005年度中国特许企业优秀管理者”奖。

2006年6月1日，谭木匠荣获“中国驰名商标”。

2007年1月18日，谭木匠入选《福布斯》2007年中国潜力100榜。

2007年4月，谭木匠获得由中国连锁经营协会颁发的“2006-2007年度中国零售业十大优秀特许加盟品牌”称号。

2008年10月2日，公司董事长谭传华先生的创业经历专访在中央电视台《财富经》“传奇故事人物”栏目播出。

2008年12月25日，谭传华董事长获得由中华全国工商业联合会颁发的“全国工商联抗震救灾先进个人”称号。

2009年，谭木匠传统手工制梳工艺入选重庆非物质文化遗产名录。

2009年，入选福布斯“2009中国潜力企业榜”。

2009年12月29日谭木匠在香港联交所挂牌上市。

2010年，通过ISO9001:2008质量体系认证。

2013年，谭木匠启动“给妈妈梳头”大型公益活动，20万把木梳免费赠送，80 万把“妈妈梳”面市。

2014 年 1 月，谭木匠入选福布斯“2014 福布斯中国上市潜力企业 100 强”。

2014 年 7 月，谭木匠管理中心从重庆江北搬迁到江苏句容。

2015 年 11 月，谭木匠大型公益活动“给妈妈梳头”活动走进万州教育矫治所。

2016 年 1 月 11 日，谭木匠公布，在香港交易所回购 7.0 万股，耗资 29.5 万港币。

2016 年，谭木匠全面更新 LOGO 和 VI 形象系统，由香港著名设计大师李永铨操刀。

2016（第二十二届）中国品牌价值 100 强研究报告日前在美国波士顿揭晓，谭木匠首次上榜。

2016 年 10 月，谭木匠举办全国彩绘大赛。

2016 年 11 月 20 日，彩绘大赛全国 20 强在南京决赛。

2016 年 12 月，谭木匠开展“给妈妈梳头”活动。

2017 年 6 月 6 日，中国连锁经营协会发布 2016 中国特许连锁百强名单，谭木匠排名第五十五名。

参考文献

[1]面包财经.被市场冷落的谭木匠有投资价值吗[EB/OL].2017.http://www.sohu.com/a/147107053_384082.

[2]范媛.寻找失传的“工匠精神”[N].中国经济时报，2016-04-11.

[3]方向明.参与“一带一路” 香港的优势在于 国际化和市场化[N].第一财经日报，2017-06-06.

[4]高永钰.“谭木匠”创始人谭传华:做500强不如做500年[J].国际金融，2009（2）：70-72.

[5]黄培伦.我善治木:谭木匠的88个经营秘诀[M].北京：中信出版社，2001.

[6]何德军.鲁冠球：中国最会赚钱的“农民”[J].首席执行官，2006（10）.

[7]刘勇.谭木匠创始人谭传华 单手打天下造就传奇人生[N].重庆商报，2010-08-13.

[8]刘青松.人民不会永远沉默:真话[M].北京：九州出版社，2009：25

[9]刘方平.为什么几十年来“中国制造”质量越来越差[EB/OL].2017.http://www.leiphone.com/why-made-in-china-become-worse.html.

[10]李峻岭.谭木匠：我是对钱最不看好的 钱一多心就乱[J].理财周报，2010-01-11.

[11]李静，胡晓红.破解格力崛起的基因密码[N].珠海特区报，2006-09-15.

[12]李梅影.谭木匠今年拟开200家 酝酿进军海外市场.[N]投资者报，2010-1-11.

[13]寇尚伟.逃离喧嚣：谭木匠的焦虑与反抗[J].销售与市场，2017（4）.

[14]《齐鲁晚报》编辑部.设计大师李永铨：谭木匠新LOGO彰显年轻化和现代感[N].齐鲁晚报，2016-06-17.

[15]孙力科，任正非·管理的真相[M].北京：企业管理出版社，2014.

[16]仝华.邓小平与改革开放序幕的揭开[J].党史文汇，2014 (8)：9-15.

[17]谭木匠官网.谭木匠的故事——七则故事[EB/OL].2017.http://www.ctans.com/ctans.asp? id=958.

[18]谭木匠官网. http://www.ctans.com.

[19]王宇航.谭木匠：一个上市公司的管理重建[J].商界评论，2017（8）.

[20]王彩霞.谭木匠 做的不是梳子而是品牌[J].中国连锁，2013（4）.

[21]王娅莉.“谭木匠”传承中国木梳艺术与文化魅力[N].中国质量报，2011-02-21.

[22]王成荣，李诚，王玉军.老字号品牌价值[M].北京：中国经济出版社，2012：100.

[23]吴晓波.张瑞敏的解构主义转型[N].创业邦，2014-7-15.

[24]袁培德.在山东大汶口出土的回旋透雕象牙梳[N]嘉兴日报，2009-08-26.

[25]杨连柱.史玉柱如是说——中国顶级CEO的商道真经[M].北京：中国经济出版社，2008.

[26]赵晓萌.为什么谭木匠要迁总部[J].销售与市场，2014（8）.

[27]赵纯均.亚洲企业实践：中国西部MBA案例建设集萃（第一辑）[M].北京：机械工业出版社，2011.

[28]赵婷.江苏电商战略“挖角”“谭木匠”何以东南飞[N].重庆青年报，2015-01-20.

[29]张刚.不倒翁鲁冠球[J].英才，2008（4）.

[30]张哲诚，聂万翔，陈小林，石磊.谭木匠:小木梳下“文化根”[J].东方企业家，2006（06）:40-43.

[31]张伟靖，王雅文.谭木匠:梳子背后的文化张力[J].瞭望东方周刊，2006（36）.

[32]周云成.跳出传统赛道[J].商界评论，2015（8）.

[33]中国经营网.“老干妈”是如何炼成的[EB/OL].2017.http://www.cb.com.cn/companies/2014_0410/1053345.html.

[34]周锡冰.老干妈的香辣传奇[M].广州：广东经济出版社，2016.

后 记

当最后落笔时，窗外的阳光一点点照进我的书房，似乎在与我对话一般。从关注谭木匠到完成书稿，前前后后花了近 10 年时间。

在这 10 年里，谭木匠创始人谭传华砥砺奋进的故事时刻吸引和激励着我，特别是谭传华的西部之行。

没有文艺青年的经历，是无法理解谭传华为何奔赴西部的。因为在我年轻时，我也向往西部黄沙漫漫的沙漠，向往西藏的神秘，向往西部的戈壁和楼兰古城……这正是谭传华打动我写作本书的一个关键点。

正是因为谭传华的西部之行，为谭传华日后的创业开阔了视野。在创办谭木匠之前，谭传华经历过卖红薯、卖中药等一系列的失败尝试。正如海明威所说："人可以被消灭，但不能被打败。"

渡过艰难岁月的谭传华，每当遇到经营难题时，总是异常坚定。1993 年，谭传华刚开始做梳子的时候，就是在蛮干，没有那么多战略。为了活命，谭传华天天都处在救火状态。

在决定做梳子之前，谭传华去深圳锦绣中华商场问服务员什么东西卖得好，问了几千种产品，得知木头梳子卖得好，谭传华觉得这有利可图，就花 2 块钱买了一把梳子，回老家后请木匠照着给他做。

对于刚起步的谭传华来说，这是最难熬的阶段，最主要的是产品卖不出去，很苦。别人不知道木头梳子的好处，加上谭传华自己也底气不足——源于谭传华 18 岁那年失去了右手，其后当过老师，卖过魔芋、红薯、预制板和花，还当过流浪汉。

基于此，家里人都说谭传华不适合做生意，因为他太老实。在沮丧和痛楚中，谭传华经过多年的坚持，最终迎来自己人生的春天——从不打广告，但是却把梳子这个看似 “很没技术含量” 的产品做成隐形冠军，拥有 60 多项专利，一把梳子最多卖到上万元，1 年卖出 350 万把。

为了解开谭木匠的成功之道，本书分为 8 个部分：第一章，创业维艰；第二章，品牌塑造；第三章，特许经营；第四章，上市；第五章，专攻木梳；第六章，贴近顾客；第七章，布局电商；第八章，做好做久。

本书适合作为高层管理培训（EDP）精品课程的教材、企业或咨询公司的培训教材或辅导书，适合作为 EMBA/MBA 相关课程的教学参考书，同时也可供企业高管、品牌经理或从业人员学习参考。

在这里，感谢“财富商学院”书系的优秀人员，他们也参与了本书的前期策划、市场论证、资料收集、书稿校对、文字修改、图表制作等。

以下人员对本书的完成亦有贡献，在此一并感谢：周梅梅、吴旭芳、简再飞、周芝琴、吴江龙 、吴抄男、赵丽蓉、周斌、周凤琴、周玲玲、金易、汪洋、霍红建、赵立军、兰世辉、徐世明、周云成，等等。

任何一本书的写作，都是建立在许许多多人的研究成果基础之上的。在写作过程中，笔者参阅了相关资料，包括电视、图书、网络、视频、报纸、杂志等资料，所参考的文献，凡属专门引述的，我们尽可能地注明了出处，其他情况则在书后附注的“参考文献”中列出，并在此向有关文献的作者表示衷心的谢意！如有疏漏之处还望原谅。

本书在出版过程中得到了许多教授，研究谭木匠创业管理、品牌重塑、特许连锁、上市、专业化、电商、O2O，以及研究谭木匠的专家、业内人士以及出版社的编辑和领导等的大力支持和热心帮助，在此表示衷心的谢意！

由于时间仓促，书中纰漏难免，欢迎读者批评指正！

E-mail：zhouyusi@sina.com；

微信号：xibingzhou；

公众号：caifushufang001。

周锡冰

2018 年 9 月 28 日于北京